中华人民共和国
禁毒法

（实用版）

中国法制出版社
CHINA LEGAL PUBLISHING HOUSE

图书在版编目（CIP）数据

中华人民共和国禁毒法：实用版/中国法制出版社编.—北京：中国法制出版社，2020.3（2021.10 重印）

ISBN 978-7-5216-0935-6

Ⅰ.①中… Ⅱ.①中… Ⅲ.①禁毒-法律-中国 Ⅳ.①D922.14

中国版本图书馆 CIP 数据核字（2020）第 035586 号

责任编辑 王林林　　封面设计 杨泽江

中华人民共和国禁毒法（实用版）

ZHONGHUA RENMIN GONGHEGUO JINDU FA（SHIYONGBAN）

经销/新华书店

印刷/河北鑫兆源印刷有限公司

开本/850 毫米×1168 毫米 32 开　　印张/ 7.25 字数/ 178 千

版次/2020 年 3 月第 1 版　　2021 年 10 月第 2 次印刷

中国法制出版社出版

书号 ISBN 978-7-5216-0935-6　　定价：20.00 元

北京市西城区西便门西里甲 16 号西便门办公区

邮政编码：100053　　传真：010-63141852

网址：http：//www.zgfzs.com　　编辑部电话：010-63141672

市场营销部电话：010-63141612　　印务部电话：010-63141606

（如有印装质量问题，请与本社印务部联系。）

■实用版

编辑说明

运用法律维护权利和利益，是读者选购法律图书的主要目的。法律文本单行本提供最基本的法律依据，但单纯的法律文本中的有些概念、术语，读者不易理解；法律释义类图书有助于读者理解法律的本义，但又过于繁杂、冗长。“实用版”法律图书至今已行销多年，因其权威、实用、易懂的优点，成为广大读者理解、掌握法律的首选工具。

“实用版系列”独具五重使用价值：

1. **专业出版**。中国法制出版社是中央级法律类图书专业出版社，是国家法律、行政法规文本的权威出版机构。

2. **法律文本规范**。法律条文利用了本社法律单行本的资源，与国家法律、行政法规正式版本完全一致，确保条文准确、权威。

3. **条文解读详致**。本书中的【理解与适用】均是从庞杂的相互关联的法律条文以及全国人大常委会法制工作委员会等对条文的权威解读中精选、提炼而来；【典型案例指引】来自最高人民法院公报、各高级人民法院判决书等，点出适用要点，展示解决法律问题的实例。

4. **附录实用**。书末收录经提炼的法律流程图、诉讼文书、办案常用数据等内容，帮助提高处理法律纠纷的效率。

5. **附赠电子版**。与本分册主题相关、因篇幅所限而未收录的相关文件、“典型案例指引”所涉及的部分重要案例全文，均制作成电子版文件。扫一扫封底“法律法规全书公众号”即可免费获取。

中国法制出版社
2020 年 3 月

《中华人民共和国禁毒法》理解与适用

禁毒工作关系到国家和民族的兴衰存亡，历来受到国家的高度重视。我国的禁毒工作形势仍然比较严峻，境外毒品渗透严重，国内涉毒违法犯罪活动屡禁不止，登记在册的吸毒人数不断增加，因吸毒感染艾滋病病毒及其他严重传染性疾病、诱发治安和刑事案件的问题不断发生。第十届全国人大常委会第三十一次会议于2007年12月29日通过了《中华人民共和国禁毒法》，这是一部综合规范禁毒工作的重要法律，共7章71条，对禁毒工作的方针体制、禁毒宣传教育、毒品管制措施、戒毒措施、禁毒国际合作等作了全面规定。在理解和适用禁毒法时应当主要把握以下几点：

（一）关于禁毒工作的方针、体制

禁毒工作涉及面广，社会性强，是一项系统工程，既需要政府及有关部门加强领导和执法，又需要依靠广大人民群众，动员社会力量广泛参与。为了开创全民禁毒战争的新局面，禁毒法规定，禁毒是全社会的共同责任，并规定了预防为主，综合治理，禁种、禁制、禁贩、禁吸并举的方针，以及政府统一领导、有关部门各负其责，社会广泛参与的工作机制。为了加强对禁毒工作的组织、协调和指导工作，禁毒法规定，国家设立禁毒委员会，县级以上地方各级人民政府根据禁毒工作的需要，可以设立禁毒委员会。这样规定，既有利于加强国家对禁毒工作的统一领导，又有利于发挥有关部门的积极性，充分调动全社会的资源，进一步做好禁毒工作。

（二）关于禁毒宣传教育

毒品易沾难戒，动员全社会加强对毒品危害性的宣传教育，严格落实防范措施，预防毒品违法犯罪行为发生，防止公民特别是青少年沾染毒品，具有重要意义。禁毒法规定，国家采取各种形式开展全民禁毒宣传教育，普及毒品预防知识，增强公民的禁毒意识，提高公民自觉抵制毒品的能力。国家鼓励公民、组织开展公益性的禁毒宣传活动。禁毒法还具体对国家机关、社会团体、企业事业单位和有关组织面向社会以及对本单位人员加强禁毒宣传教育的义务，学校对学生，父母和监护人对未成年人的禁毒教育义务作出了规定。

（三）关于毒品管制措施

禁毒法在对相关法律、法规有关麻醉药品、精神药品和易制毒化学品管制的规定以及多年来实践经验进行总结的基础上，对毒品管制做了全面规定。禁毒法规定，国家对麻醉药品药用原植物种植实行管制；对麻醉药品和精神药品实行管制，对麻醉药品和精神药品的实验研究、生产、经营、使用、储存、运输实行许可和查验制度；对易制毒化学品的生产、经营、购买、运输实行许可制度；对麻醉药品、精神药品和易制毒化学品的进口、出口实行许可制度。为了及时发现毒品违法犯罪，加大打击的力度，禁毒法还对公安机关可以在边境地区、交通要道、口岸以及飞机场、火车站、长途汽车站、码头进行毒品和易制毒化学品检查，应当依法收缴、处理毒品及毒品违法犯罪涉及的财产，娱乐场所应当建立巡查制度，反洗钱行政主管部门加强可疑毒品犯罪资金监测，以及建立毒品监测和禁毒信息系统等作了明确规定。这些规定，对有关部门加强毒品管制执法力度，提高预防和打击毒品违法犯罪的能力具有重要的意义。

（四）关于戒毒措施

禁毒法实施之前，根据禁毒方面的有关法律规定，对吸毒成瘾人员一律实行强制戒毒；经强制戒毒后又复吸的，决定劳动教养，在劳动教养中进行戒毒。这种与社会隔离的戒毒方法虽然能够在一定期限内有效地阻止吸毒成瘾人员接触毒品，在短期内消除生理依赖，但不利于戒毒人员巩固戒毒效果，顺利回归社会，恢复正常的社会生活。为了加强对戒毒人员的管理和帮教，提高戒毒的成效，禁毒法针对吸毒成瘾的不同情况，分别规定了自愿戒毒、社区戒毒和强制隔离戒毒。国家鼓励吸毒人员自愿到有戒毒治疗资质的医疗机构接受戒毒治疗；对吸毒成瘾人员，公安机关可以责令其在户籍所在地或者现居住地接受社区戒毒，负责社区戒毒工作的城市街道办事处、乡镇人民政府可以指定有关基层组织与吸毒人员签订社区戒毒协议，落实有针对性的社区戒毒措施；对于有拒绝接受社区戒毒，在社区戒毒期间吸食、注射毒品，严重违反社区戒毒协议，经社区戒毒、强制隔离戒毒后再次吸食、注射毒品等情形的吸毒成瘾人员，由公安机关决定予以强制隔离戒毒。禁毒法对强制隔离戒毒的适用条件、决定程序、期限、场所管理、执业医师配备等重要问题作了规定。同时，考虑到这项改革还需要进一步总结实践经验，确定具体方案，有步骤地推行，禁毒法规定，强制隔离戒毒场所的设置、管理体制和经费保障，由国务院规定。此外，禁毒法还对吸毒成瘾人员自愿接受强制隔离戒毒、强制隔离戒毒后的社区康复、戒毒康复场所的建设、戒毒药物维持治疗工作等作出了规定。

（五）关于禁毒国际合作

为了加强禁毒国际合作，根据多年禁毒国际合作的实践，禁毒法对禁毒国际合作的原则、内容和工作机制，以及支持有关国家实施禁毒替代种植、发展替代产业，分享在境外与有关国家和地区合作查获的毒品犯罪的非法所得和财物等问题作了规定。禁毒法规定，根据缔结或者参加的国际条约或者按照对等原则，开展禁毒国际合作。国家禁毒委员会根据国务院授权，负责组织开展禁毒国际合作，履行国际禁毒公约义务。涉及追究毒品犯罪的司法协助，由司法机关依照有关法律的规定办理。

禁毒法施行十多年来为预防和惩治毒品违法犯罪行为，保护公民身心健康，维护社会秩序发挥了重要作用。禁毒法施行十多年来，毒品违法犯罪和治理工作出现了一些新情况，刑法、药品管理法、易制毒化学品管理条例、麻醉药品和精神药品管理条例等法律法规作了相应修改完善，有关方面出台了行政法规、规章和司法解释等，中国特色毒品治理实践也不断丰富发展。例如，《戒毒条例》于 2011 年 6 月 26 日公布，2018 年 9 月 18 日根据《国务院关于修改部分行政法规的决定》修正。《易制毒化学品管理条例》于 2005 年 8 月 26 日公布，根据 2014 年 7 月 29 日《国务院关于修改部分行政法规的决定》第一次修订，根据 2016 年 2 月 6 日《国务院关于修改部分行政法规的决定》第二次修订；根据 2018 年 9 月 18 日《国务院关于修改部分行政法规的决定》第三次修订。

目录

中华人民共和国禁毒法

第三章 毒品管制

第四章 戒毒措施

电子版增补法规（请扫封底“法律法规全书公众号”二维码获取）

中华人民共和国禁毒法

（2007年12月29日第十届全国人民代表大会常务委员会第三十一次会议通过　2007年12月29日中华人民共和国主席令第79号公布　自2008年6月1日起施行）

第一章　总　　则

第一条　立法宗旨*

为了预防和惩治毒品违法犯罪行为，保护公民身心健康，维护社会秩序，制定本法。

▶理解与适用

根据本条的规定，禁毒法的立法目的可以从“预防和惩治毒品违法犯罪行为”“保护公民身心健康”“维护社会秩序”三个方面来理解。第一，制定禁毒法是预防和惩治毒品违法犯罪行为的需要。我国当前面临的毒品违法犯罪形势严峻。制定禁毒法、进一步完善我国预防和惩治毒品违法犯罪法律体系，是深入开展禁毒工作的需要。第二，保护公民身心健康、维护社会秩序是制定禁毒法的重要目的。毒品严重危害公民身心健康。就吸毒者个体来说，毒品直接破坏吸食者正常的生理机能和免疫功能等人体机能：严重损害心、肝、肾等重要器官，严重者可致死；严重损害神经系统，引起脑栓塞、脑脓肿、脊髓炎、

* 条文主旨为编者所加，下同。

周围神经炎等，吸毒不仅对吸毒者本人造成身心健康的损害，更祸及家庭、亲友乃至社会。由于吸毒成瘾者对毒品有难以摆脱的依赖性，为了获得毒品，往往不择手段，有的以贩养吸，不断发展新的吸毒者供自己吸食，有的以卖淫等手段筹措毒资，从而致使吸毒人群不断扩大，艾滋病等恶性传染病不断扩散。另外，毒品问题还是诱发其他刑事犯罪和社会治安问题的温床。

▶典型案例指引

龚某洪故意杀人案（2018年6月26日最高人民法院毒品犯罪及涉毒次生犯罪典型案例）

案件适用要点：合成毒品具有中枢神经兴奋、致幻等作用，会使吸毒者出现兴奋、狂躁、幻视、幻听、被害妄想等症状，进而导致其自伤自残或实施暴力犯罪。近年来，因吸毒诱发的故意杀人、故意伤害、驾车肇事等恶性案件屡有发生，严重危害社会治安，教训十分深刻。本案就是一起因吸毒诱发的故意杀人犯罪典型案例。被告人龚某洪长期吸食毒品，并出现吸毒导致的幻想等症状；龚某洪的妻子亦证实龚某洪近年来吸毒后有幻觉和暴力行为。案发当日，龚某洪两次吸食冰毒，与妻子发生争吵后竟持菜刀砍死熟睡中的两名未成年子女，犯罪情节恶劣，手段残忍。该案充分反映了毒品对个人、家庭和社会的严重危害，尤其值得吸毒者深刻警醒。

▶条文参见

《立法法》[①] 第8条；《2018年中国毒品形势报告》

第二条 适用范围

本法所称毒品，是指鸦片、海洛因、甲基苯丙胺（冰毒）、吗啡、大麻、可卡因，以及国家规定管制的其他能够使

① 为便于阅读，本书中相关法律文件标题中的“中华人民共和国”字样都予以删除。

人形成瘾癖的麻醉药品和精神药品。

根据医疗、教学、科研的需要，依法可以生产、经营、使用、储存、运输麻醉药品和精神药品。

▶理解与适用

本条分为两款。第一款是关于毒品定义的规定。根据本款的规定，正确理解毒品的含义和范围，需要从毒品的自然属性和法律属性两个方面把握。(1) 毒品的自然属性是指毒品本身所具有的物理、化学性状及其对人体所能产生的作用。毒品的物理、化学属性因毒品种类的不同而各有差异，如海洛因与甲基苯丙胺在物理特性、化学成分等各方面都是不同的。毒品的物理、化学属性是进行毒品鉴定和鉴别的依据。毒品首先是一种对人体有毒害性的物质，毒品在一定条件下，可以引起人体各种急、慢性中毒，严重时可以致人死亡。其次，毒品最重要的自然属性，是使人体对毒品产生依赖性，即毒品能够使人形成瘾癖。能不能使人产生依赖性，是区分毒品和一般药品的重要依据。

(2) 毒品的另一重要特性就是其法律属性。毒品的法律属性可以概括为受管制性和非法使用性。仅仅具有毒害性和依赖性，而没有被国家列入管制范围的，在法律上就不属于毒品。例如，香烟、酒精等同样具有一定的毒害性和依赖性，但我国并未将其列入管制之列，它们只是一般嗜好品。

本款具体列举了一些常见的传统毒品和合成毒品，主要有：(1) 鸦片。医学名为阿片，俗称大烟、烟土、阿芙蓉等，是从罂粟植物中提取的麻醉药品，是传统毒品。鸦片主要由生物碱、糖、蛋白质、类脂化合物及水等成分组成。常见的鸦片品种有生鸦片、精制鸦片、鸦片制品、罂粟壳、卡苦。(2) 海洛因。医学名为二乙酰吗啡，俗称白粉、白面，主要为白色柱状结晶或结晶性粉末。(3) 甲基苯丙胺（冰毒）。还被称为去氧麻黄碱、甲基安非他明。甲基苯丙胺碱无色、透明，是合成毒品。常见的固体是甲基苯丙胺盐酸盐，为无色透明结晶体，形似冰，所以又名“冰毒”。（4）吗啡。吗啡是白色结晶或白色结晶性粉末，是传统毒品。常见品种有吗啡碱、粗制吗啡、吗啡片。（5）大麻。大麻是一年生植物，含有400多种化学物质，其中有60多种具有类似的化学特性，因此被统称为大麻素，是传统毒品。（6）可卡因。又被称为苯甲酰甲基芽子碱、甲基苯甲酰爱冈宁、古柯碱，是一种从古柯树叶中提取出来的生物碱，是传统毒品。

此外，针对虽未作为药品生产和使用，但具有成瘾性或者成瘾潜力的物质，在实践中越来越多被滥用的实际情况，公安部、国家食品药品监督管理总局（已撤销）、国家卫生和计划生育委员会（已撤销）和国家禁毒委员会办公室根据禁毒法和《麻醉药品和精神药品管理条例》，联合制定了《非药用类麻醉药品和精神药品列管办法》，根据该办法发布《非药用类麻醉药品和精神药品管制品种增补目录》，并负责该目录的调整。按照上述规定，对于麻醉药品和精神药品按照药用类和非药用类分类列管。除麻醉药品和精神药品管理品种目录已有列管品种外，新增非药用类麻醉药品和精神药品管制品种在上述增补目录中列示。对于非药用类麻醉药品和精神药品发现医学用途，调整列入药品目录的，不再列入非药用类麻醉药品和精神药品管制品种目录。

本条第二款是关于在医疗、教学、科学研究中依法可以生产、经营、使用、储存、运输麻醉药品和精神药品的规定。我国有关麻醉药品和精神药品管制的法律规定，主要是《药品管理法》和《麻醉药品和精神药品管理条例》。《药品管理法》第一百一十二条规定：“国务院对麻醉药品、精神药品、医疗用毒性药品、放射性药品、药品类易制毒化学品等有其他特殊管理规定的，依照其规定。”《麻醉药品和精神药品管理条例》对麻醉药品和精神药品从原植物的种植、实验研究和生产、经营、使用、储存、运输等各个环节及审批程序和监督管理等方面作了严格规定。

▶典型案例指引

1. 孙某芳走私、贩卖毒品案（2018年6月26日最高人民法院毒品犯罪及涉毒次生犯罪典型案例）

案件适用要点：本案所涉毒品“4－氯甲卡西酮”是一种新精神活性物质。新精神活性物质通常是不法分子为逃避打击而对管制毒品进行化学结构修饰所得到的毒品类似物，具有与管制毒品相似或更强的兴奋、致幻、麻醉等效果。为加强对新精神活性物质的管制，2015年国家相关部门制定了《非药用类麻醉药品和精神药品列管办法》，对新精神活性物质进行列举式管制，所有被列管的物质均属于毒品。被告人孙某芳走私、贩卖“4－氯甲卡西酮”数量大，人民法院根据此类毒品的性质、孙某芳犯罪的具体情节，依法对其判处相应刑罚。

2. 石某美贩卖毒品案（2018年6月26日最高人民法院毒品犯罪及涉毒次生犯罪典型案例）

案件适用要点：“神仙水”是近年来出现的一种混合型液体毒品，常含有甲基苯丙胺、氯胺酮等不同毒品成分，服用后会导致暂时性失忆，甚至出现幻觉，严重的会导致死亡。被告人石某美贩卖含甲基苯丙胺、氯胺酮成分的“神仙水”约400克，人民法院根据其犯罪的事实和具体情节，依法判处相应刑罚。

第三条 禁毒社会责任

禁毒是全社会的共同责任。国家机关、社会团体、企业事业单位以及其他组织和公民，应当依照本法和有关法律的规定，履行禁毒职责或者义务。

▶条文参见

《禁毒法》第11－18条；《全民禁毒教育实施意见》

第四条 禁毒工作方针和工作机制

禁毒工作实行预防为主，综合治理，禁种、禁制、禁贩、禁吸并举的方针。

禁毒工作实行政府统一领导，有关部门各负其责，社会广泛参与的工作机制。

▶理解与适用

本条共分为两款。第一款是关于禁毒工作方针的规定。根据本款的规定，禁毒工作必须坚持预防为主，综合治理，禁种、禁制、禁贩、禁吸并举的方针。坚持预防为主，首先，需要切实重视禁毒宣传教育工作，要扎扎实实开展工作，做到形式多样、内容丰富、通俗易懂、注重实效。其次，必须切实加强毒品管制工作，严格按照《药品管理法》《麻醉药品和精神药品管理条例》《易制毒化学品管理条例》等法律法规的规定，建章立制，进一步规范和加强对麻醉药品药用原植物种植、麻醉药品和精神药品以及易制毒化学品的生产、经销、运输、储存、使用环节的管理，从源头上防止上述物品流入非法渠道，危害社会。最后，必须进一步加强吸毒人员戒毒康复工作，鼓励吸毒人员自觉参加社区戒毒，对符合条件的吸毒成瘾人员及时予以强制隔离戒毒，落实被解除强制隔离戒毒人员的社区康复措施；加大对强制戒毒场所的投入，加强戒毒场所医疗技术人员的力量配备，积极开展戒毒科学研究，推广先进的戒毒方法。做好吸毒人员戒毒康复工作，有助于最大限度压缩和不断萎缩毒品消费市场，降低毒品造成的社会危害。

禁毒工作还必须坚持综合治理，坚持“禁种、禁制、禁贩、禁吸”四禁并举。综合治理，首先，要加强对毒品违法犯罪活动的打击力度，要严格按照刑法等有关法律，对贩毒集团、走私毒品等犯罪活动予以惩处，决不手软。其次，禁毒工作各有关职能部门要加强沟通协调，完善缉毒执法协作机制，在禁毒委员会统一领导下，协调高效地开展禁毒工作。同时，在禁毒工作中要自始至终贯彻群众路线的方针，充分依靠和发挥基层组织的作用，调动各方面积极因素。禁种、禁制、禁贩，是从源头上加强对毒品的管制，从而有效遏制毒品的泛滥；而禁吸则是致力于减轻毒品危害，减少新增吸毒人口，压缩毒品消费市场。

本条第二款是关于禁毒工作机制的规定。根据本款的规定，禁毒工作实行政府统一领导，有关部门各负其责，社会广泛参与的工作机制。

▶条文参见

《全民禁毒教育实施意见》

第五条　禁毒委员会的设立、职责

国务院设立国家禁毒委员会，负责组织、协调、指导全国的禁毒工作。

县级以上地方各级人民政府根据禁毒工作的需要，可以设立禁毒委员会，负责组织、协调、指导本行政区域内的禁毒工作。

▶理解与适用

本条共分为两款。第一款是关于国家禁毒委员会的设立及其职责的规定。根据本款的规定，国家禁毒委员会的职责是负责组织、协调、指导全国的禁毒工作。第一，国家禁毒委员会的工作范围是全国的禁毒工作而不是仅限于在中央层面开展工作。第二，国家禁毒委员会的工作职责和方式是组织、协调和指导。所谓“组织”，是指国家禁毒委员会根据禁毒工作的需要，负责筹划、领导和部署相关禁毒专项工作、行动等事项。“协调”，是指国家禁毒委员会依法对涉及多个部门的与禁毒有关的事项，进行统筹、协商和安排，理顺机制，解决矛盾，保证国家机关之间各负其责，相互协作。“指导”，是指国家禁毒委员会根据禁毒工作的需要或者各相关部门的要求，对禁毒工作相关事项提出指导性意见，以促进有关部门依法履行禁毒职责。

本条第二款是关于地方禁毒委员会的职责的规定。根据本款的规定，县级以上地方各级人民政府根据禁毒工作的需要，可以设立禁毒委员会，负责组织、协调、指导本行政区域内的禁毒工作。需要特别说明的是，法律规定县级以上地方人民政府根据禁毒工作的需要，可以设立禁毒委员会，而不是必须层层设立。

第六条 禁毒工作保障

县级以上各级人民政府应当将禁毒工作纳入国民经济和社会发展规划，并将禁毒经费列入本级财政预算。

▶条文参见

《国务院关于加强国民经济和社会发展规划编制工作的若干意见》

第七条 鼓励禁毒社会捐赠

国家鼓励对禁毒工作的社会捐赠，并依法给予税收优惠。

▶理解与适用

国家鼓励社会组织和公民个人捐赠禁毒公益事业，除了能够为相关禁毒公益事业增加经费外，还能够通过这种形式使社会公众积极参与禁毒事业中，形成良好的全民禁毒的社会氛围。

需要强调的是，根据公益事业捐赠法的规定，捐赠是社会组织或者公民个人自愿和无偿的行为，任何单位和个人都不得强行摊派或者变相摊派，更不能借禁毒捐赠之名敛财。用于禁毒工作的社会捐赠应当由依法成立的与禁毒有关的公益性社会团体和公益性非营利的事业单位接受。与禁毒有关的公益性社会团体是指依法成立的，以发展禁毒公益事业为宗旨的基金会、慈善组织等社会团体。与禁毒有关的公益性非营利的事业单位是指依法成立的，从事禁毒公益事业的不以营利为目的的教育机构、科学研究机构、医疗卫生机构、社会福利机构等。

社会组织和公民积极捐赠禁毒公益事业应当予以鼓励，包括给予税收优惠。对此，公益事业捐赠法和有关税收的法律中都有明确规定。如公益事业捐赠法规定，公司和其他企业依照该法的规定捐赠财产用于公益事业，依照法律、行政法规的规定享受企业所得税方面的优惠等。企业所得税法规定，企业发生的公益性捐赠支出，在年度利润总额12%以内的部分，准予在计算应纳税所得额时扣除；超过年度利润总额12%的部分，准予结转以后三年内在计算应纳税所得额时扣除。

▶条文参见

《禁毒法》第4条；《公益事业捐赠法》第24－26条；《企业所得税法》第9条；《个人所得税法》第6条

第八条 鼓励禁毒科学技术研究

国家鼓励开展禁毒科学技术研究，推广先进的缉毒技术、装备和戒毒方法。

▶理解与适用

“开展禁毒科学技术研究”，是指国家鼓励和提倡社会各方面，包括有关科研单位、技术部门和个人利用科学的方法，对禁毒工作开展全面的科学技术研究，寻找各种行之有效的科学的禁毒方法。“先进的缉毒技术、装备”，是指司法机关在缉毒工作中所采取的各种技术、装备。“先进的戒毒方法”是指利用先进、科学的方法对吸毒人员进行戒毒。

第九条 鼓励举报毒品违法犯罪

国家鼓励公民举报毒品违法犯罪行为。各级人民政府和有关部门应当对举报人予以保护，对举报有功人员以及在禁毒工作中有突出贡献的单位和个人，给予表彰和奖励。

▶理解与适用

本条规定了以下三个方面的内容：（1）国家鼓励公民举报毒品违法犯罪行为。为了便于公民举报毒品违法犯罪行为，《毒品违法犯罪举报奖励办法》规定，各级禁毒委员会办公室、公安机关应当指定、公布举报受理电话或者其他受理方式。直接向公安部举报毒品违法犯罪线索的，由公安部禁毒局作为指定受理机构。同时还规定，各级禁毒委员会办公室、公安机关应当及时受理群众举报，认真记录举报的方式、时间、内容以及举报人的身份信息、联络方式等基本情况，原始记录应作为奖励的重要依据，破案后及时兑奖。

（2）各级人民政府和有关部门应当对举报人予以保护。这一规定是指各级人民政府对举报毒品违法犯罪活动的人员，应当积极采取各种措施，对举报人员的人身以及家庭等各方面进行安全保护。保护工作的具体方法是多方面的，如对举报人的个人、家庭及有关亲属的情况（包括本人姓名、性别、家庭住址、电话、所在单位等以及一些有关其亲属的情况）及举报信息的来源等，采取各种有效的保密措施，防止泄露；在需要作证时根据案件情况可以对举报人采取一些保密性的技术处理，以及当违法犯罪分子对举报人实施报复行为时应当及时予以制止，并追究其相应的法律责任等。

（3）对举报有功人员以及在禁毒工作中有突出贡献的单位和个人给予表彰和奖励。这一规定是指各级人民政府对举报有功人员以及在禁毒工作中有突出贡献的单位和个人给予各种形式的表彰和奖励。其中，“举报有功人员”，主要是指通过其对毒品违法犯罪活动的举报，对发现及抓获违法犯罪嫌疑人、侦破毒品犯罪案件给予了重要帮助的人员。“在禁毒工作中有突出贡献的单位和个人”，主要是指负有禁毒工作职责的单位和个人，主要包括战斗在一线的公安、边防、海关等缉毒民警等。“给予表彰和奖励”，是指各级人民政府对在禁毒工作中的有功人员、有突出贡献的单位和个人，给予各种形式的表彰和奖励。“表彰”可以通过新闻媒体进行表彰宣传，或通过召开通报表彰大会、颁发荣誉证书等对有功人员进行表彰。“奖励”则包括给予适当的物质奖励。

▶条文参见

《刑事诉讼法》第11条；《毒品违法犯罪举报奖励办法》

第十条 鼓励禁毒志愿工作

国家鼓励志愿人员参与禁毒宣传教育和戒毒社会服务工作。地方各级人民政府应当对志愿人员进行指导、培训，并提供必要的工作条件。

▶理解与适用

本条规定了以下两个方面的内容：(1) 国家鼓励志愿人员参与禁毒宣传教育和戒毒社会服务工作。“志愿人员”，是指来自社会各个方面的，自愿参加有关禁毒的社会工作的人员，包括工人、农民、干部、学生、待业人员、离退休人员等来自社会各个方面的力量。“参与禁毒宣传教育”，主要是指志愿人员围绕毒品给社会、家庭和个人带来的危害，严厉打击毒品违法犯罪活动的重要性和每个公民要爱惜生命、远离毒品等内容所进行的宣传教育活动。“参与戒毒社会工作”，主要是指志愿人员协助司法机关和专门的戒毒机构，对本社区内的吸毒人员进行帮助戒毒的社会工作。

(2) 地方各级人民政府应当对志愿人员进行指导、培训，并提供必要的工作条件。“提供必要的工作条件”，是指地方各级人民政府不仅应当对志愿人员做好指导、培训工作，根据需要还应当给他们提供必要的工作条件。“必要的工作条件”是多方面的，如给他们提供有利于开展工作的条件和场地，提供一定的物质条件，尽量帮助他们协调和解决在进行禁毒宣传教育活动和进行戒毒社会服务工作中遇到的各种问题和困难。

第二章　禁毒宣传教育

第十一条　国家禁毒宣传教育

国家采取各种形式开展全民禁毒宣传教育，普及毒品预防知识，增强公民的禁毒意识，提高公民自觉抵制毒品的能力。

国家鼓励公民、组织开展公益性的禁毒宣传活动。

▶理解与适用

本条规定了以下三个方面的内容：

1. 国家采取各种形式开展全民禁毒宣传教育。这一规定是指国家采取各种形式，包括利用各种新闻媒介、宣传活动等进行禁毒宣传教育，鼓励创作更多有关禁毒方面的影视、文学和艺术类作品等，在全社会进行禁毒宣传教育，如国家禁毒委员会办公室每年定期发布《中国毒品形势报告》。全民禁毒宣传教育的基本任务是介绍毒品形势，普及禁毒知识，传播禁毒观念，宣传禁毒法规，动员全民禁毒；其核心是增强全民禁毒意识，提高公民对毒品及其危害的认知能力和抵御能力。对一般人群以普及知识为主，对高危人群以结合干预措施的宣传教育为主。具体任务是：(1) 使公民能够正确识别毒品，了解毒品的种类和特征，认清吸食毒品的后果和危害，提高对毒品的认知能力；(2) 使公民了解毒品泛滥的规律和传播条件，消除认识误区，增强对毒品的警惕性，掌握禁毒的科学知识和预防毒品侵害的方法，养成和保持积极、健康的生活方式，提高对毒品的抵御能力；(3) 使公民了解禁毒斗争的历史和现状，认清毒品泛滥的各种恶果，提高思想道德素质，不断增强禁绝毒品、人人有责的社会责任感；(4) 使公民了解我国的禁毒立场、方针、政策和禁毒法律法规，做到知法守法，不吸毒、不贩毒、不种毒、不制毒，增强同涉毒违法犯罪行为作斗争的积极性；(5) 使公民了解我国的禁毒业绩，进而发扬禁毒传统，树立必胜信心，营造更加有利的禁毒氛围。

2. 普及毒品预防知识，增强公民的禁毒意识，提高公民自觉抵制毒品的能力。这一规定是开展全民禁毒宣传教育的主要内容和要达到的最终目的。

3. 国家鼓励公民、组织开展公益性的禁毒宣传活动。本条第二款是关于国家鼓励公民、组织开展公益性的禁毒宣传活动的规定。开展公益性禁毒宣传活动的形式是多种多样的，比如有些文艺单位或者个人，将演出的所得无偿捐献给禁毒公益事业，或免费进行一些有针对性的禁毒宣传演出等。

第十二条　各级政府和有关组织禁毒宣传教育

各级人民政府应当经常组织开展多种形式的禁毒宣传教育。

工会、共产主义青年团、妇女联合会应当结合各自工作对象的特点，组织开展禁毒宣传教育。

▶理解与适用

本条共分为两款。第一款是关于“各级人民政府应当经常组织开展多种形式的禁毒宣传教育”的规定。“应当经常组织开展多种形式的禁毒宣传教育”，是指各级人民政府要将禁毒宣传教育工作当作一项经常性的工作来抓，并采取多种多样的形式。“经常组织”就是要结合本地区的禁毒工作开展情况，经常性地组织，而不是需要了才组织或者组织几次就大功告成了。“多种形式的禁毒宣传教育”，是指在进行禁毒宣传教育过程中，宣传教育的形式不能简单化，走过场。可以采取结合一些毒品违法犯罪的案例以现身说法的形式，或者制作一些有关禁毒的影视、文学和艺术类作品进行宣传教育，也可以采取展览、报告会的形式，让有关专家讲述有关毒品的预防知识等，形式可以是多种多样的。禁毒宣传教育的内容，要重视有关毒品的基础性知识的教育，即什么是毒品，毒品对人体有哪些危害，对社会、家庭的危害是什么，国家为什么要严厉打击毒品违法犯罪活动，我们怎样抵制毒品的诱惑，如何科学使用麻醉药品等。

本条第二款是关于工会、共产主义青年团、妇女联合会应当结合各自工作对象的特点，组织开展禁毒宣传教育的规定。其中，“工会”是职工自愿结合的工人阶级的群众组织；“共产主义青年团”是接受共产党领导的由先进青年组成的政治性组织；“妇女联合会”是由妇女组成的代表妇女利益和维护妇女权益的组织。“应当结合各自工作对象的特点，组织开展禁毒宣传教育”，是指上述组织或团体，应当结合各自工作对象的特点，如工会是以单位为基本组织形式的，就应当结合本单位工会成员的工作特点，进行禁毒宣传教育。

第十三条　教育行政部门、学校禁毒宣传教育

教育行政部门、学校应当将禁毒知识纳入教育、教学内容，对学生进行禁毒宣传教育。公安机关、司法行政部门和卫生行政部门应当予以协助。

▶理解与适用

“教育行政部门”，是指从国家教育部到地方各级教育局等主管教育行政工作的部门。“学校”，是指各类直接从事教育工作的院校，包括小学、中学和大学，这里的学校既包括普通学

历学校，也包括职业技能教育学校，既包括公立学校，也包括各种形式的民办学校。“应当将禁毒知识纳入教育、教学内容，对学生进行禁毒宣传教育”，是指上述教育行政部门和学校应当将禁毒知识通过编写教科大纲或直接编写教科书内容等方式，将禁毒知识纳入教学内容，安排教学课时，对学生进行禁毒宣传教育。

应当注意的是，编写禁毒教材的部门和院校应当结合不同年龄段学生的特点，有针对性地编写有关禁毒知识的教学教材，并注意从小学到中学，中学到高中以及高中到大学的衔接和连贯，这就要求对禁毒知识具体内容的编写进行统筹安排。在内容编写上，要注意由浅入深，全面生动，尽量做到既让学生通过禁毒知识的学习掌握基本的有关禁毒的常识和法律法规规定，又能够随着在不同年龄段所受到的连续不断的禁毒宣传教育，使他们在防范毒品侵袭的能力方面也不断提高。

第十四条 新闻媒体禁毒宣传教育

新闻、出版、文化、广播、电影、电视等有关单位，应当有针对性地面向社会进行禁毒宣传教育。

▶理解与适用

本条规定的“新闻、出版、文化、广播、电影、电视等有关单位”，是指负责宣传媒体的新闻、出版、文化、广播、电影、电视等政府有关单位和直接进行传播信息的大众传媒，如电视台、广播电台、报社、网站、新闻类应用软件等。这些部门和单位是直接负责有关新闻宣传、文化宣传和信息传播等活动的策划和组织工作，是宣传教育工作的主体。“应当有针对性地面向社会进行禁毒宣传教育”，是指上述单位和媒体，应当负起禁毒宣传教育的主要责任，并利用各自的特点和优势，有针对性地面向社会开展禁毒宣传教育。其中，“新闻单位”可以利用每日向人们播报的新闻报道，经常向公民宣传有关禁毒方面的最新形势和国际、国内打击毒品违法犯罪活动的新闻内容，使公民对禁毒的国际、国内形势有所了解。“出版单位”可以利用各种出版物，包括各种有关禁毒知识的出版物，以及禁毒故事的文学出版物等，向公民宣传各种有关禁毒知识和禁毒故事，使公民提高毒品辨别能力。“广播、电影、电视”等给公民直接以视听感受的媒体，可以利用生动的音响和画面，并通过编制有关禁毒宣传教育的语音文学作品、影片、电视剧等，向全社会进行禁毒宣传教育。所谓“有针对性地”面向社会进行禁毒宣传教育，主要是指上述单位利用各种形式向社会进行禁毒宣传教育，除了要坚持经常开展外，还要注意针对性。比如，配合国家的各阶段禁毒活动主题开展禁毒宣传教育活动，地方宣传媒体还可根据本地禁毒工作形势的需要以及本地禁毒工作的特点，开展禁毒宣传教育活动；针对不同的人群和不同年龄的公民开展适合他们特点的禁毒宣传教育活动。

第十五条　公共场所禁毒宣传教育

飞机场、火车站、长途汽车站、码头以及旅店、娱乐场所等公共场所的经营者、管理者，负责本场所的禁毒宣传教育，落实禁毒防范措施，预防毒品违法犯罪行为在本场所内发生。

▶理解与适用

本条可以从以下两个方面来理解：

(1) 飞机场、火车站、长途汽车站、码头以及旅店、娱乐场所等公共场所的经营者、管理者应当负责本场所的禁毒宣传教育。这里的“公共场所”，主要是指人们经常聚集的场所，或者供公众使用或服务于大众的场所。这里所说的“旅店”，根据《旅馆业治安管理办法》的规定，是指经营接待旅客住宿的旅馆、饭店、宾馆、招待所、客货栈、车马店、浴池等场所。“娱乐场所”，根据《娱乐场所管理条例》的规定，是指以营利为目的，并向公众开放、消费者自娱自乐的歌舞、游艺等场所。

公共场所的经营者、管理者可以根据本场所的特点、条件以及可能发生的毒品违法犯罪行为，建立禁毒宣传教育的长效机制，因地制宜，在本场所通过发放禁毒宣传册和宣传单，张贴禁毒宣传画，设置禁毒警示标牌等形式，向广大人民群众介绍毒品知识，以及如何防范毒品违法犯罪活动等知识；可以通过其他多种形式的宣传活动，有计划、有重点地组织开展禁毒预防宣传教育，不断扩大禁毒预防宣传教育的广度和深度，增强人们对毒品危害的认知能力和抵御毒品的能力，积极参与禁毒斗争。

(2) 飞机场、火车站、长途汽车站、码头以及旅店、娱乐场所等公共场所的经营者、管理者负责落实禁毒防范措施，预防毒品违法犯罪行为在本场所内发生。公共场所的经营者、管理者有必要配合公安、文化、工商等部门落实禁毒防范措施，切断毒品的贩卖、运输通道，在落实防范措施时应当做到：一是制定相关的禁毒防范措施预案。公共场所的吸食、贩卖、运输毒品的情况时有发生，其经营者、管理者必须采取切实有效的措施，防患于未然，坚决遏制其蔓延的势头，争取把问题解决在萌芽状态。一旦发现毒品违法犯罪活动，能尽快采取有效措施予以处理。二是建立巡查制度，发现场所内有违法犯罪活动的，应当立即向公安机关报告。三是加强内部管理，建立健全禁毒管理制度，增强从业人员自律意识，有效预防和减少毒品违法犯罪行为的发生。四是有条件的场所，可以在营业场所或主要通道安装必要的电视监控设备，或采用一些科技手段加强禁毒防范措施。

▶条文参见

《旅馆业治安管理办法》第 2、12 条；《娱乐场所管理条例》第 2、13、14 条

第十六条　单位内部禁毒宣传教育

国家机关、社会团体、企业事业单位以及其他组织，应当加强对本单位人员的禁毒宣传教育。

▶条文参见

《全民禁毒教育实施意见》

第十七条　基层组织禁毒宣传教育

居民委员会、村民委员会应当协助人民政府以及公安机关等部门，加强禁毒宣传教育，落实禁毒防范措施。

▶条文参见

《城市居民委员会组织法》第2、3条；《村民委员会组织法》第2、9条

第十八条　监护人对未成年人的毒品危害教育

未成年人的父母或者其他监护人应当对未成年人进行毒品危害的教育，防止其吸食、注射毒品或者进行其他毒品违法犯罪活动。

▶理解与适用

本条包含两层意思：第一，明确未成年人的父母或者其他监护人负有对未成年人进行毒品危害教育的责任。这里的“未成年人”，是指未满18周岁的公民。“监护”，是指对未成年人的人身、财产及其他一切合法权益的监督和保护。承担这种监护任务的人叫监护人。监护人一般由公民担任，在特殊情况下也可由有关的组织担任。《民法典》第二十七条规定：“父母是未成年子女的监护人。未成年人的父母已经死亡或者没有监护能力的，由下列有监护能力的人按顺序担任监护人：（一）祖父母、

外祖父母；（二）兄、姐；（三）其他愿意担任监护人的个人或者组织，但是须经未成年人住所地的居民委员会、村民委员会或者民政部门同意。”父母或者其他监护人担负着保护未成年人的人身健康和安全，排除来自各方面对未成年人身心侵害的责任。同时，父母或者其他监护人还负有对未成年人进行德、智、体、美、劳等方面培养和教育的职责，加强对未成年人毒品危害的教育是一项极其重要的任务。

第二，未成年人的父母或者其他监护人对未成年人教育的内容，应当是进行毒品危害的教育，防止其吸食、注射毒品或者进行其他毒品违法犯罪活动。

▶条文参见

《未成年人保护法》第7、15－24条；《预防未成年人犯罪法》第16、29条

第三章　毒品管制

第十九条　麻醉药品药用原植物种植管制

国家对麻醉药品药用原植物种植实行管制。禁止非法种植罂粟、古柯植物、大麻植物以及国家规定管制的可以用于提炼加工毒品的其他原植物。禁止走私或者非法买卖、运输、携带、持有未经灭活的毒品原植物种子或者幼苗。

地方各级人民政府发现非法种植毒品原植物的，应当立即采取措施予以制止、铲除。村民委员会、居民委员会发现非法种植毒品原植物的，应当及时予以制止、铲除，并向当地公安机关报告。

▶理解与适用

本条共分为两款。第一款是关于国家对麻醉药品药用原植物种植实行管制的规定。

《药品管理法》第一百一十二规定，国务院对麻醉药品、精神药品、医疗用毒性药品、放射性药品、药品类易制毒化学品等有其他特殊管理规定的，依照其规定。《麻醉药品和精神药品管理条例》针对麻醉药品药用原植物的管理进一步作了规定，即国家对麻醉药品药用原植物实行管制。国家根据麻醉药品和精神药品的医疗、国家储备和企业生产所需原料的需要确定需求总量，对麻醉药品药用原植物的种植、麻醉药品和精神药品的生产实行总量控制。国务院药品监督管理部门和国务院农业主管部门根据麻醉药品年度生产计划，制定麻醉药品药用原植物年度种植计划。药品监督管理部门应当根据规定的职责权限，对麻醉药品药用原植物的种植进行监督检查。这里的“麻醉药品药用原植物”，是指罂粟、古柯植物、大麻植物以及国家规定管制的可以用于提炼加工毒品的其他原植物。

本款针对毒品原植物有两项禁止性规定：(1）禁止非法种植罂粟、古柯植物、大麻植物以及国家规定管制的可以用于提炼加工毒品的其他原植物。这里的“非法”，是指未经国家主管部门批准，私自种植毒品原植物，或者没有按照批准的种植计划、限定数量进行种植。“种植”，是指播种、施肥、灌溉、割取津液、收取种子等过程。“可以用于提炼加工毒品的其他原植物”，是指除罂粟、古柯植物、大麻以外的其他可以用于提炼加工毒品的植物，如咔特树、仙人球毒碱、麦角菌、植物麻黄、毒蝇伞等。

(2）禁止走私或者非法买卖、运输、携带、持有未经灭活的毒品原植物种子或者幼苗。这里的“走私”，是指携带、运输、邮寄未经灭活的毒品原植物种子或者幼苗非法进出国、边境的行为。“非法买卖”，是指以金钱或者实物作价非法购买或者出售未经灭活的毒品原植物种子或者幼苗的行为。“非法运输”，是指使用邮寄或者其他交通工具非法从事未经灭活的毒品原植物种子或者幼苗的运送行为。“非法携带、持有”，是指违反国家规定，随身携带、私藏未经灭活的毒品原植物种子或者幼苗的行为。“未经灭活的毒品原植物种子或者幼苗”，是指没有经过烘烤、放射线照射等处理手段，还能继续繁殖、发芽的罂粟等毒品原植物种子或者幼苗。

本条第二款是关于发现非法种植毒品原植物予以制止、铲除措施的规定。

（1）地方各级人民政府发现非法种植毒品原植物的，应当立即采取措施予以制止、铲除。《关于严禁非法种植罂粟的通知》规定：“各地公安、卫生部门都要将本地私种罂粟的情况摸清并如实向党委、政府报告，采取有力措施查禁。要根据南方、北方不同的种植季节，切实组织足够的力量，深入农村、山区检查、督促铲除罂粟的工作，不能贻误收割季节。对已种植的，要责令本人铲除或强行铲除。对留存的罂粟种子和已收获的大烟果要全部收缴。”（2）村民委员会、居民委员会发现非法种植毒品原植物的，应当及时予以制止、铲除，并向当地公安机关报告。

▶典型案例指引

徐某妙非法种植毒品原植物案（2018 年 6 月 26 日最高人民法院毒品犯罪及涉毒次生犯罪典型案例）

案件适用要点：根据《刑法》第三百五十一条的规定，非法种植罂粟 500 株以上的，即构成非法种植毒品原植物罪，应当判处五年以下有期徒刑、拘役或者管制，并处罚金。本案被告人徐某妙非法种植罂粟达 2243 株，人民法院根据其犯罪的事实及具有累犯、自首等情节，依法判处刑罚，对此类非法种植毒品原植物行为具有重要警示作用。

▶条文参见

《刑法》第 351、352 条；《治安管理处罚法》第 71 条；《麻醉药品和精神药品管理条例》第 4、5、7－9、66 条；《麻醉药品和精神药品生产管理办法（试行）》第 9、14 条

第二十条 麻醉药品提取、储存场所的警戒

国家确定的麻醉药品药用原植物种植企业，必须按照国家有关规定种植麻醉药品药用原植物。

国家确定的麻醉药品药用原植物种植企业的提取加工场所，以及国家设立的麻醉药品储存仓库，列为国家重点警戒目标。

未经许可，擅自进入国家确定的麻醉药品药用原植物种植企业的提取加工场所或者国家设立的麻醉药品储存仓库等警戒区域的，由警戒人员责令其立即离开；拒不离开的，强行带离现场。

▶理解与适用

本条共分为三款。第一款是关于麻醉药品药用原植物种植企业的管理的规定。根据本款的规定，国家确定的麻醉药品药用原植物种植企业，必须按照国家有关规定种植麻醉药品药用原植物。这里包含两层意思：

(1) 麻醉药品药用原植物种植企业必须是国家确定的种植企业。《麻醉药品和精神药品管理条例》第九条规定，麻醉药品药用原植物种植企业由国务院药品监督管理部门和国务院农业主管部门共同确定，其他单位和个人不得种植麻醉药品药用原植物。

(2) 麻醉药品药用原植物种植企业，必须按照国家有关规定种植麻醉药品药用原植物。《麻醉药品和精神药品管理条例》第八条规定，麻醉药品药用原植物种植企业应当根据年度种植计划，种植麻醉药品药用原植物。麻醉药品药用原植物种植企业应当向国务院药品监督管理部门和国务院农业主管部门定期报告种植情况。麻醉药品药用原植物种植企业和麻醉药品、精神药品生产企业，还应当按照要求建立向药品监督管理部门报送信息的网络终端，及时将麻醉药品和精神药品生产、销售、

库存情况上报。依照《麻醉药品和精神药品生产管理办法（试行）》第九条的规定，麻醉药品药用原植物种植企业应当于每年10月底前向国家食品药品监督管理局和农业部报送下一年度麻醉药品药用原植物种植计划。国家食品药品监督管理局会同农业部应当于每年1月20日前下达本年度麻醉药品药用原植物种植计划。

本条第二款是关于麻醉药品的提取加工场所和储存仓库的管理的规定。“提取加工场所”，是指对成熟的麻醉药品药用原植物进行采集、收成后，对采集、收成的原材料进行提炼、加工、制作成某种药品原料的专门场所。“储存仓库”，是指用于储存麻醉药品、精神药品和药用原植物的专门场所。根据《麻醉药品和精神药品管理条例》的规定，麻醉药品药用原植物种植企业、国家设立的麻醉药品储存单位，应当设置储存麻醉药品和第一类精神药品的专库。“国家重点警戒目标”，主要是指运用军队、警察等来保证一定场所、区域、人员、设备、物品等安全，其安全警卫的措施比一般场所更加严格，限制人员进出警戒区域，对出入警戒区域的人员的证件、车辆和物品都要进行检查，未经允许，任何人、车辆不得擅自进入该场所。

本条第三款是关于擅自进麻醉药品提取加工场所和储存仓库的处理的规定。本款对未经许可擅自进入国家确定的麻醉药品药用原植物种植企业的提取加工场所或者国家设立的麻醉药品储存仓库等警戒区域的行为，规定了两档处理办法：一是由警戒人员责令其立即离开；二是拒不离开的，警戒人员将其强行带离现场。“强行带离现场”，是一种强制性措施，主要是采用抓、扭等限制身体行动自由的方式，强制将行为人带离有关场所。这种强制措施在反恐怖主义法、戒严法、人民警察法、集会游行示威法、治安管理处罚法、铁路法等有关法律中均有规定，主要是针对危害公共安全、严重破坏社会秩序、冲击国家机关或者其他重要单位、场所等情况，在阻止无效的情况下所采取的强制措施。

▶条文参见

《反恐怖主义法》第28条；《人民警察法》第8条；《铁路法》第53条；《治安管理处罚法》第24条；《集会游行示威法》第27条；《戒严法》第31条；《麻醉药品和精神药品管理条例》第7-9、46-49、66条；《麻醉药品和精神药品生产管理办法（试行）》第9、10、14、16、17、第26条

第二十一条 麻醉药品、精神药品、易制毒化学品管制

国家对麻醉药品和精神药品实行管制，对麻醉药品和精神药品的实验研究、生产、经营、使用、储存、运输实行许可和查验制度。

国家对易制毒化学品的生产、经营、购买、运输实行许可制度。

禁止非法生产、买卖、运输、储存、提供、持有、使用麻醉药品、精神药品和易制毒化学品。

▶理解与适用

本条共分为三款。第一款是关于麻醉药品和精神药品的实验研究的许可和查验制度的规定。“麻醉药品和精神药品”，根据《麻醉药品和精神药品管理条例》的规定，是指列入国家的麻醉药品和精神药品管制目录的药品和其他物质，麻醉药品和精神药品管制目录由国务院药品监督管理部门会同国务院公安部门、国务院卫生主管部门制定、调整并公布。“麻醉药品”，是指阿片类、大麻类、可卡因类等天然来源、半合成或合成的一些具有依赖性潜力的药用原植物、药品和物质。“精神药品”，是指致幻剂、兴奋剂、镇静催眠剂等一些具有依赖性潜力的药品和物质，分为第一类精神药品和第二类精神药品。

根据本款的规定，国家对麻醉药品和精神药品实行管制，对麻醉药品和精神药品的实验研究、生产、经营、使用、储存、运输实行许可和查验制度。“实验研究”，是指以医疗、科学研

究或者教学为目的的临床前药物研究。

本条第二款是关于易制毒化学品的许可制度的规定。“易制毒化学品”，是指国家规定管制的可用于制造麻醉药品和精神药品的化学原料及配剂。根据本款的规定，国家对易制毒化学品的生产、经营、购买、运输实行许可制度。

本条第三款是关于禁止非法生产、买卖、运输、储存、提供、持有、使用麻醉药品、精神药品和易制毒化学品的规定。为了严惩针对麻醉药品、精神药品和易制毒化学品的违法犯罪行为，治安管理处罚法和刑法对此都作了明确的规定。

例如，《治安管理处罚法》第七十二条规定：“有下列行为之一的，处十日以上十五日以下拘留，可以并处二千元以下罚款；情节较轻的，处五日以下拘留或者五百元以下罚款：(一) 非法持有鸦片不满二百克、海洛因或者甲基苯丙胺不满十克或者其他少量毒品的；(二) 向他人提供毒品的；(三) 吸食、注射毒品的；(四) 胁迫、欺骗医务人员开具麻醉药品、精神药品的。”

《刑法》第三百四十七条第一款规定：“走私、贩卖、运输、制造毒品，无论数量多少，都应当追究刑事责任，予以刑事处罚。”第二款规定：“走私、贩卖、运输、制造毒品，有下列情形之一的，处十五年有期徒刑、无期徒刑或者死刑，并处没收财产：(一) 走私、贩卖、运输、制造鸦片一千克以上、海洛因或者甲基苯丙胺五十克以上或者其他毒品数量大的；(二) 走私、贩卖、运输、制造毒品集团的首要分子；(三) 武装掩护走私、贩卖、运输、制造毒品的；(四) 以暴力抗拒检查、拘留、逮捕，情节严重的；(五) 参与有组织的国际贩毒活动的。”第三款规定：“走私、贩卖、运输、制造鸦片二百克以上不满一千克、海洛因或者甲基苯丙胺十克以上不满五十克或者其他毒品数量较大的，处七年以上有期徒刑，并处罚金。”第四款规定：“走私、贩卖、运输、制造鸦片不满二百克、海洛因或者甲基苯丙胺不满十克或者其他少量毒品的，处三年以下有期徒刑、拘役或者管制，并处罚金；情节严重的，处三年以上七年以下有期徒刑，并处罚金。”

▶条文参见

《刑法》第347、348、350、355条；《治安管理处罚法》第72条；《麻醉药品和精神药品管理条例》第3、10－84条；《麻醉药品和精神药品生产管理办法（试行）》第3－35条；《麻醉药品和精神药品经营管理办法（试行）》第3－41条；《麻醉药品和精神药品运输管理办法》第2－17条；《麻醉药品和精神药品邮寄管理办法》第2－10条；《易制毒化学品管理条例》第2－25、32－44条

第二十二条　麻醉药品、精神药品、易制毒化学品进出口管理

国家对麻醉药品、精神药品和易制毒化学品的进口、出口实行许可制度。国务院有关部门应当按照规定的职责，对进口、出口麻醉药品、精神药品和易制毒化学品依法进行管理。禁止走私麻醉药品、精神药品和易制毒化学品。

▶理解与适用

本条规定了以下三个方面的内容：（1）国家对麻醉药品、精神药品和易制毒化学品的进口、出口实行许可制度。本条所称“麻醉药品和精神药品”，是指列入国家公布的麻醉药品、精神药品目录的药品和其他物质。“易制毒化学品”，是指列入国家公布的易制毒化学品目录的物质。“进口”，是指将货物由其他国家或地区输入我国境内。“出口”，是指将货物由我国境内向其他国家或地区输出。“许可制度”即行政许可制度，是指有权的行政机关根据公民、法人或者其他组织的申请，经依法审查，准予其从事特定活动的制度。如《药品管理法》第六十六条规定，进口、出口麻醉药品和国家规定范围内的精神药

品，应当持有国务院药品监督管理部门颁发的进口准许证、出口准许证。

(2) 国务院有关部门应当按照规定的职责，对进口、出口麻醉药品、精神药品和易制毒化学品依法进行管理。“规定的职责”，是指与麻醉药品、精神药品和易制毒化学品的进口、出口管理有关的法律、行政法规和规章规定的职责。具体来讲，包括本法和药品管理法等法律，《麻醉药品和精神药品管理条例》《易制毒化学品管理条例》等行政法规，《药品进口管理办法》《易制毒化学品进出口管理规定》《易制毒化学品进出口国际核查管理规定》等部门规章规定的职责。根据这些规定，对麻醉药品、精神药品进口、出口承担管理职责的是国务院药品监督管理部门和海关等部门。

(3) 禁止走私麻醉药品、精神药品和易制毒化学品。“走私麻醉药品、精神药品和易制毒化学品”，是指违反国家法律、法规，逃避海关监管，非法运输、携带、邮寄麻醉药品、精神药品和易制毒化学品进出国（边）境的行为。

▶条文参见

《药品管理法》第 66 条；《行政许可法》第 12 条；《刑法》第 347、350 条；《麻醉药品和精神药品管理条例》第 2 条；《易制毒化学品管理条例》第 2、26 – 31 条；《1961 年麻醉品单一公约》第 31 条；《1971 年精神药物公约》第 12 条；《联合国禁止、非法贩运麻醉药品和精神药物公约》第 12 条

第二十三条 麻醉药品、精神药品、易制毒化学品流失的应急处置

发生麻醉药品、精神药品和易制毒化学品被盗、被抢、丢失或者其他流入非法渠道的情形，案发单位应当立即采取必要的控制措施，并立即向公安机关报告，同时依照规定向有关主管部门报告。

公安机关接到报告后，或者有证据证明麻醉药品、精神药品和易制毒化学品可能流入非法渠道的，应当及时开展调查，并可以对相关单位采取必要的控制措施。药品监督管理部门、卫生行政部门以及其他有关部门应当配合公安机关开展工作。

▶理解与适用

本条共分为两款。第一款是关于发生麻醉药品、精神药品和易制毒化学品流入非法渠道的事故时案发单位应急处理责任的规定。本条规定的麻醉药品、精神药品和易制毒化学品流入非法渠道的情形主要包括被盗、被抢、丢失或者其他流入非法渠道的情形。“被盗”，是指被不法分子采取不易被发现的方法秘密窃取。“被抢”，是指被不法分子公然强行劫取或者夺取。“丢失”，是指因有关人员保管不慎而遗失。“其他流入非法渠道的情形”，是指除被盗、被抢、丢失以外的流入非法渠道的情形，如麻醉药品被骗购冒领等。发生这些情形时，案发单位应当立即采取必要的控制措施，并立即向公安机关报告，同时依照规定向有关主管部门报告。“案发单位”，是指合法拥有麻醉药品、精神药品和易制毒化学品，发生麻醉药品、精神药品和易制毒化学品流入非法渠道事故的单位，包括麻醉药品、精神药品的生产、加工企业、经营企业、运输企业，使用麻醉药品、精神药品的科研单位、医疗机构和易制毒化学品的生产企业、经营企业、使用单位等。“必要的控制措施”，是指案发单位可以采取的减少事故损失、控制事故危害的必要措施，如对丢失药品的储存场所采取更加严格的保卫措施，对本单位所有的麻醉药品、精神药品进行清点检查，对了解事故情况的有关人员进行询问等。“规定”，是指《麻醉药品和精神药品管理条例》《易制毒化学品管理条例》等法律法规和卫生、商务、安全生产等部门的规章。“有关主管部门”，是指除公安机关外，依照有关规定对麻醉药品、精神药品和易制毒化学品负有监督管理职责的部门。对麻醉药品、精神药品负有监督管理职责的部门包括药品监督管理部门、卫生主管部门等，对易制毒化学品负有监督管理职责的部门包括药品监督管理部门、安全生产监督管理部门、商务主管部门、卫生主管部门等。

本条第二款是关于发生麻醉药品、精神药品和易制毒化学品流入非法渠道时公安机关等政府部门的职责的规定。公安机关等部门对麻醉药品、精神药品和易制毒化学品依法负有监督管理职责，发生流入非法渠道的事故时，各个部门各尽其责，协作配合，依法采取措施是处理好事故的关键。案发单位或者有关当事人向公安机关报告事故情况后，公安机关应当立即对麻醉药品、精神药品和易制毒化学品是否流入非法渠道，流向何处，事故相关人员的责任等情况进行调查或侦查。"必要的控制措施"，是指公安机关依照法律的规定为控制事故的损失、危害和进行调查，对有关场所、物品采取的控制措施，如对案发场所采取警戒措施，进行现场勘查，扣押涉案物品，收集相关证据等。药品监督管理部门、卫生行政部门等部门也负有在各自职责范围内对麻醉药品、精神药品和易制毒化学品进行监督管理的义务。本条也规定了这些部门在发生麻醉药品、精神药品和易制毒化学品可能流入非法渠道的事故时的职责，即配合公安机关开展工作。

▶条文参见

《麻醉药品和精神药品管理条例》第 64 条；《易制毒化学品管理条例》第 34 条

第二十四条 禁止非法传授麻醉药品、精神药品、易制毒化学品的制造方法

禁止非法传授麻醉药品、精神药品和易制毒化学品的制造方法。公安机关接到举报或者发现非法传授麻醉药品、精神药品和易制毒化学品制造方法的，应当及时依法查处。

▶理解与适用

所谓“非法”，是指违反国家法律、法规等规定向他人传授麻醉药品、精神药品和易制毒化学品的制造方法。有关单位和个人合法地向生产麻醉药品的员工进行麻醉药品生产方法的培训，或学校老师向学生讲授药品生产、化学品生产知识等行为，都是国家允许的。“传授”，是指以语言、文字、动作、图像或者其他方法，将麻醉药品、精神药品和易制毒化学品的制造方法教授给他人。“制造方法”的范围比较广泛，包括麻醉药品原植物的种植方法，麻醉药品、精神药品或者易制毒化学品的生产原料、生产设备、提取方法、加工方法、配方等，可以是全套的生产流程，也可以是生产过程中的某个步骤。

公安机关是承担打击毒品违法犯罪活动职责的部门，根据本条的规定，公安机关接到人民群众举报或者主动发现存在非法传授麻醉药品、精神药品和易制毒化学品制造方法活动的，应当及时依法予以查处，对于构成犯罪的，应当依法予以打击。

▶条文参见

《刑法》第295条；《麻醉药品和精神药品管理条例》第15条；《易制毒化学品管理条例》第9条

第二十五条　麻醉药品、精神药品、易制毒化学品管理办法由国务院制定

麻醉药品、精神药品和易制毒化学品管理的具体办法，由国务院规定。

▶条文参见

《立法法》第65条

第二十六条 毒品、易制毒化学品检查

公安机关根据查缉毒品的需要，可以在边境地区、交通要道、口岸以及飞机场、火车站、长途汽车站、码头对来往人员、物品、货物以及交通工具进行毒品和易制毒化学品检查，民航、铁路、交通部门应当予以配合。

海关应当依法加强对进出口岸的人员、物品、货物和运输工具的检查，防止走私毒品和易制毒化学品。

邮政企业应当依法加强对邮件的检查，防止邮寄毒品和非法邮寄易制毒化学品。

▶理解与适用

本条共分为三款。第一款是关于公安机关在特定场所进行毒品和易制毒化学品检查，民航、铁路、交通部门予以配合的规定。机场、车站、码头等公共交通的人流、物流集散地是走私、非法运输的毒品和易制毒化学品的必经之地，边境地区、口岸则是跨国走私的毒品、易制毒化学品的重要通道。在这些地方依法进行毒品和易制毒化学品的检查，对于发现走私、非法运输的毒品和易制毒化学品，抓获相关违法犯罪行为人，防止走私、非法运输的毒品和易制毒化学品危害社会十分必要。

本款中的“边境地区”，是指我国与其他国家或地区，内地与我国香港地区、澳门地区陆地边界线及附近的地区。“交通要道”，是指交通发达、来往人流物流集中的地区，如铁路枢纽、公路枢纽等。“口岸”，是指供人员、货物和交通工具出入国（边）境的港口、机场、车站、通道等，包括陆路口岸、航空口岸、水路口岸等。“飞机场”，是指供航空器起飞、降落、滑行、停放以及乘客等候航班的划定区域，一般是指民航机场。“火车站”，是指供火车停靠、上下乘客、装卸货物的站区，包括客运站和货运站。“长途汽车站”，是指供长途汽车停靠、上下乘客、装卸货物的站区。“码头”，是指供客货运船舶停靠、

上下乘客、装卸货物的设施，包括客运码头和货运码头。检查的对象是来往人员、物品、货物和交通工具，包括往来于上述地区的乘客、司机、装卸货物的人员，乘客的行李，被检查人员随身携带的物件，还有通过交通工具运输的物件等。“交通工具”，是指用以载运人员、货物、物品的各种船舶、车辆、航空器和驮畜。上述检查可以与为保证公共交通工具安全进行的安全检查一起进行，也可以分开进行，如民航的安全检查，就是一项综合性的检查，既检查是否携带枪支弹药、爆炸物、管制刀具等危险物品，也检查是否携带毒品。在一些毒品走私频繁的边境地区，有时对交通工具、乘客进行专门的毒品检查，设立毒品检查站。民航、铁路、交通等部门是机场、火车站、长途汽车站、码头等场所的主管部门，公安机关在对上述场所进行毒品和易制毒化学品检查工作时，有关主管部门应当予以配合。

本条第二款是关于海关依法加强对进出口岸的人员、物品、货物和运输工具的检查的规定。海关是国家的进出境监督管理机关，对发现和查处跨越我国国境的毒品和易制毒化学品走私活动负有重要的职责。根据《海关法》第六条第一项、第二项的规定，海关有权检查进出境运输工具，查验进出境货物、物品；对违反海关法或者其他有关法律、行政法规的，可以扣留。海关有权查阅进出境人员的证件；查问违反海关法或者其他有关法律、行政法规的嫌疑人，调查其违法行为。上述规定中的“其他法律、行政法规”，包括本法及其他有关禁毒方面的法律、行政法规。海关检查的对象是进出口岸的人员、物品、货物和运输工具。这里的“货物”是贸易性的，“物品”是非贸易性的。“运输工具”，是指用以载运人员、货物、物品进出境的各种船舶、车辆、航空器和驮畜。《海关法》第二、三、四章分别规定了海关对进出口岸的运输工具、货物和物品进行检查的具体办法，海关应当依照这些规定，加强对进出口岸的人员、物品、货物和运输工具的检查力度，严防毒品进出我国国境。

本条第三款是关于邮政企业依法加强对邮件的检查的规定。需要注意的是，此处的“邮政企业”不仅包括中国邮政集团公司及其提供邮政服务的全资企业、控股企业等，还应当包括快递企业。邮政、快递企业应当依法加强对邮件快递的检查，把防止邮寄毒品和非法邮寄易制毒化学品作为邮件快递检查工作的重要目的。当然，邮政、快递企业在对邮件快递进行检查时，应当依照宪法和有关法律的规定保护公民的通信自由和通信秘密。邮政、快递企业违反有关检查、验视规定的，应当依法承担法律责任。对于检查中发现涉嫌毒品、易制毒化学品犯罪的，应当及时告知公安机关查处。

▶典型案例指引

刘某贩卖、运输毒品案（2018 年 6 月 26 日最高人民法院毒品犯罪及涉毒次生犯罪典型案例）

案件适用要点： 利用信息网络和电子商务平台实施毒品犯罪，是当前毒品犯罪的新动向，物流配送的便捷性又加速了毒品从毒源地向其他省份扩散。一些不法分子利用信息网络和物流配送覆盖面广、易隐瞒真实身份等特点，通过 QQ、微信等方式联系商定毒品交易，以快递方式寄送毒品，此类案件在实践中时有发生。本案被告人刘某通过 QQ、微信等方式与他人联系商定毒品交易，再将毒品快递给对方，共计贩卖、运输 5000 余克甲基苯丙胺及片剂，社会危害大，且其属于毒品再犯，主观恶性深。人民法院根据刘某犯罪的事实、性质及其系毒品再犯等情节，对其判处死刑，体现了对此类犯罪的从严惩处。

▶条文参见

《海关法》第 6、14 –52 条；《邮政法》第 20、21 条；《邮政法实施细则》第 33、35 条；《反恐怖主义法》第 20 条；《快递暂行条例》第 31、33 条

第二十七条 娱乐场所巡查和报告毒品违法犯罪

娱乐场所应当建立巡查制度，发现娱乐场所内有毒品违法犯罪活动的，应当立即向公安机关报告。

▶理解与适用

“娱乐场所”，是指以营利为目的，并向公众开放的歌舞、游艺等场所，包括歌厅、舞厅、KTV 等以人际交谊为主的场所和电子游戏厅、台球厅等依靠游艺器械经营的场所。“巡查制度”是娱乐场所经营者建立的，由专人负责，定时定期对本场所内情况进行巡回检查和监督，及时发现场所内涉及毒品违法犯罪行为的制度。具体的巡查时间、范围等内容，可以由娱乐场所的经营者根据本场所的实际情况自主确定，也可以根据公安机关的要求确定，一般应当建立人员相对固定的巡查小组，落实巡查的方式和具体任务。巡查人员应当熟悉本场所的情况，具有一定的法律知识。巡查人员在巡查中发现违法犯罪活动或者可疑人员、行为的，应当立即报告娱乐场所的负责人或者直接报告公安机关。

▶条文参见

《娱乐场所管理条例》第 31 条；《刑法》第 353、354 条

第二十八条 查获毒品和涉毒财物的收缴与处理

对依法查获的毒品，吸食、注射毒品的用具，毒品违法犯罪的非法所得及其收益，以及直接用于实施毒品违法犯罪行为的本人所有的工具、设备、资金，应当收缴，依照规定处理。

▶理解与适用

本条规定涉及的被依法查获的物品包括四类：一是毒品；二是吸食、注射毒品的用具，即吸毒人员用来吸食、注射毒品

的注射器等用具；三是毒品违法犯罪的非法所得及其收益。“非法所得”，是指违法犯罪分子因为实施毒品违法犯罪行为所非法获得的财物，如贩卖毒品所得的资金，运输毒品所得的报酬，容留贩毒人员在娱乐场所进行贩毒活动所得的抽头，非法传授麻醉药品、精神药品制造方法所得的报酬等。“收益”，是指利用毒品违法犯罪的非法所得所产生的孳息或者进行经营活动所产生的经济利益，如将毒资存入银行所获利息，用毒资购买股票、基金所获红利，用毒资开办公司所获盈利等。四是直接用于实施毒品违法犯罪行为的本人所有的工具、设备、资金。这类物品有两个限制条件：(1)“直接用于实施毒品违法犯罪行为”。即对于实施毒品违法犯罪行为起到必不可少的作用并直接引起、导致危害后果发生，如贩毒分子将运输工具进行改装，设置不易被发觉的夹层、暗箱，以逃避检查，这种运输工具就属于直接用于毒品违法犯罪行为的工具、设备等。(2)“本人所有”。即违法犯罪行为人本人所有，而非他人所有，如有的人借用他人车辆进行贩毒，出借人并不知情，这种情况下不能因为贩毒人使用了车辆就把该车辆予以没收。本条作出这样的限制，主要是为了防止在执法活动中随意扩大收缴的范围，影响一些与违法犯罪行为无关人的正常生活。“工具、设备”，主要是指毒品违法犯罪活动中使用的机器、装备，如提炼海洛因或生产加工冰毒使用的各种机器装备等。“资金”包括毒品违法犯罪行为人用于购买毒品、制毒设备的资金等。本条规定对上述毒品和涉毒财物应当“收缴，依照规定处理”。“收缴”，是指办理案件的执法机关在查获本条规定的毒品和涉毒财物时将其强制扣留。“依照规定处理”，是指对收缴的毒品和涉毒财物，按照国家有关规定，区别情况予以处理。

刑法、刑事诉讼法、治安管理处罚法等法律、行政法规、司法解释、规章对涉及刑事案件和治安案件的财物的处理办法作出了明确的规定，对于本条规定的四类物品，公安机关等办案机关在依法收缴之后，应当依照这些规定分别予以处理。

▶典型案例指引

倪某勤运输毒品案（2018 年 6 月 26 日最高人民检察院发布检察机关依法惩治毒品犯罪典型案例）

案件适用要点：毒品犯罪是典型的贪利型犯罪，依法追缴毒品犯罪分子的违法所得及其产生的收益，以及供犯罪使用的本人财物，并对其准确适用财产刑，是剥夺其再犯经济基础的重要手段，对有效打击毒品犯罪具有重要作用。对被告人判处有期徒刑，同时并处没收财产的，应当结合其毒品犯罪的性质、情节、危害后果及其获利情况、经济状况等因素，确定没收个人财产的数额。而实践中，司法机关往往对财产刑的处罚不够严格，本案是对财产刑适用不当而抗诉成功的案例。

▶条文参见

《刑法》第 64 条；《刑事诉讼法》第 245 条；《治安管理处罚法》第 11 条；《公安机关办理行政案件程序规定》第 196 条

第二十九条　可疑毒品犯罪资金监测

反洗钱行政主管部门应当依法加强对可疑毒品犯罪资金的监测。反洗钱行政主管部门和其他依法负有反洗钱监督管理职责的部门、机构发现涉嫌毒品犯罪的资金流动情况，应当及时向侦查机关报告，并配合侦查机关做好侦查、调查工作。

▶理解与适用

本条规定主要有以下四个方面内容：(1) 可疑毒品犯罪资金监测。根据反洗钱法的规定，反洗钱行政主管部门在加强可疑毒品犯罪资金监测方面主要履行以下职责：加强金融监管，督促金融机构制定和实施反洗钱内部控制制度，履行客户身份识别、客户信息和交易记录保存以及识别并报告可疑金融交易的义务。应当注意的是，反洗钱监测活动不仅包括对犯罪以后的洗钱犯罪活动进行监测，也包括监测可能正在进行的涉及犯罪活动的资金流动情况。有关机构和部门发现可能用于毒品交易的大额资金，也应当列入监测范围。

（2）可疑毒品犯罪资金的报告义务。《反洗钱法》第十三条规定，反洗钱行政主管部门和其他依法负有反洗钱监督管理职责的部门、机构发现涉嫌洗钱犯罪的交易活动，应当及时向侦查机关报告。第二十条规定，金融机构应当按照规定执行大额交易和可疑交易报告制度。金融机构办理的单笔交易或者在规定期限内累计交易超过规定金额或者发现可疑交易的，应当及时向反洗钱信息中心报告。

（3）配合侦查机关侦查、调查的义务。本条虽然只规定了对侦查机关侦查、调查的配合义务，但是根据反洗钱法的规定，国务院反洗钱行政主管部门或者其省一级派出机构发现可疑交易活动，需要调查核实的，可以向金融机构进行调查。因此，上述部门在发现资金可能涉及毒品犯罪，进行调查核实的，金融机构也应当配合。当然，在调查核实以后，如果只是一般金融违规行为，有关金融监管部门就可以直接处理，如果涉及犯罪，则需要报告侦查机关。

（4）公安机关与中国人民银行的反洗钱合作。对于反洗钱行政主管部门对可疑毒品犯罪资金报告的程序等，考虑到涉及刑事侦查活动，需要和公安、司法机关的配合，因此本法以及反洗钱法都没有规定。实践中，有关可疑毒品犯罪资金的监测、分析、识别、跟踪和调查交易线索等，可以按照中国人民银行和公安机关建立的反洗钱合作和案件会商机制、部际联席会议确定的职责分工等办理。

▶条文参见

《刑法》第191条；《中国人民银行法》第4条第10项；《反洗钱法》第13、20、23条；《刑事诉讼法》第54条；《联合国禁止非法贩运麻醉药品和精神药物公约》第3条（b）；

《联合国打击跨国有组织犯罪公约》第7条（a）

第三十条 毒品监测和禁毒信息系统

国家建立健全毒品监测和禁毒信息系统，开展毒品监测和禁毒信息的收集、分析、使用、交流工作。

▶理解与适用

建立健全毒品监测和禁毒信息系统是一项综合工程，应当从以下三个方面着手：（1）健全毒品监测制度体系。毒品监测制度体系的健全，包括各级禁毒机构毒品监测制度的建立和完善，需要注意从各方面、各角度了解本地、全国，乃至世界范围内的毒品种植、制造、运输、消费等信息，为正确的禁毒决策做准备。与禁毒管制工作关系密切的麻醉药品、精神药品生产、经营、使用部门和机构，应当建立固定的工作制度和机制，将禁毒信息的收集、整理、分析、交流和使用纳入日常工作。

（2）建立健全禁毒信息共享系统。对于禁毒信息的收集、分析和使用，应当保障来源的广泛性、分析的精确性及应对的及时性。健全禁毒信息汇总、分析、储存和使用系统包括两个方面的工作：一是建立信息汇总、分析、储存和共享的机制，形成工作制度。比如，国家建立中央信息中心，保证各方面的禁毒信息能够及时、全面、精确的汇总，保证各种信息得到及时深入分析。在分析和储存信息的基础上，建立禁毒信息预警和应对机制，对于那些可能对禁毒工作有重要指导意义的信息，及时反馈到相应的部门和机构，及时采取应对行动。这样的信息系统还包括与国际禁毒组织和其他国家的禁毒信息交流、分享和互动，能够使禁毒信息系统及时协调国际禁毒合作等。

（3）建立并完善科学、规范的禁毒情报信息工作机制。保证信息渠道的实事求是，客观真实，通过比较、演绎、溯源和否定，剔除虚假的情报信息，最大限度地确保情报信息的真实性，提高情报意识，善于从零星的情报信息中发现新动向、新情况、新问题，总结本质的、规律性的东西，把握发展趋势，收集、报告、处理情报信息的各个环节等，对于整个情报信息工作的成效有决定性的意义。

▶条文参见

《麻醉药品和精神药品管理条例》第58、59条

第四章　戒 毒 措 施

第三十一条　吸毒成瘾人员应当进行戒毒治疗

国家采取各种措施帮助吸毒人员戒除毒瘾，教育和挽救吸毒人员。

吸毒成瘾人员应当进行戒毒治疗。

吸毒成瘾的认定办法，由国务院卫生行政部门、药品监督管理部门、公安部门规定。

▶理解与适用

本条共分为三款。第一款规定了国家禁毒工作总的方针和目标，即帮助吸毒人员戒除毒瘾，教育和挽救吸毒人员。对吸毒人员的治疗、教育和挽救，具体可以分为生理断瘾、体能康复、心理戒毒、回归社会四个方面。其中，生理断瘾和体能康复是前提和基础，虽然比较困难，但也是比较短的过程，一般只需要几个月的时间；心理戒毒和回归社会则是个必须长期坚持的过程，也是巩固戒毒成果的必要条件。

具体分析，包括以下几个方面：（1）治疗。即通过用药等医疗措施帮助戒毒人员戒除毒瘾，断绝其在生理上对毒品的依赖。对于戒断生理毒瘾，本法规定了自愿戒毒、社区戒毒和强制隔离戒毒等戒毒治疗措施。（2）教育和挽救。所谓教育和挽

救，就是使吸毒人员建立正确的世界观、人生观，恢复自尊、自信以及正常的生产、生活能力，回归正常社会生活。一是要加强生理和心理康复工作，使吸毒人员恢复健康的体魄和正常的心理。这也可以视为广义的戒毒治疗的一部分。二是要加强对吸毒人员的社会教育，使其能够适应社会正常生活。三是要加强其学习和工作技能教育。

本条第二款规定了吸毒成瘾人员应当进行戒毒治疗。这一规定可以从以下两个方面理解：一方面，国家应当对吸毒成瘾人员进行戒毒治疗，并为吸毒人员接受戒毒治疗提供便利。国家应当为吸毒人员提供一定的医疗条件，包括开办医疗机构，为吸毒人员提供替代药物等。本法第五十条还规定，公安机关、司法行政部门对被依法拘留、逮捕、收监执行刑罚以及被依法采取强制性教育措施的吸毒人员，应当给予必要的戒毒治疗。另一方面，接受戒毒治疗也是吸毒成瘾人员的一项义务，吸毒人员的康复意愿和配合对治疗效果也具有重要的作用。因此，国家要求吸毒成瘾人员接受戒毒治疗，并鼓励吸毒人员主动治疗。比如，本法第六十二条规定，吸毒人员主动到公安机关登记或者到有资质的医疗机构接受戒毒治疗的，不予处罚。对于在社区戒毒和强制戒毒期间配合医疗，遵守体检、服药、检测等规定，戒毒效果良好的人员，也可以缩短戒毒的期限。

本条第三款规定了吸毒成瘾办法的制定主体。本款规定由国务院卫生行政部门、药品监督管理部门、公安部门作出规定。《吸毒成瘾认定办法》对吸毒成瘾认定的主体、标准、程序等作了规定。

▶条文参见

《戒毒条例》第 2 条；《吸毒成瘾认定办法》第 2、3 条

第三十二条 对吸毒人员的检测和登记

公安机关可以对涉嫌吸毒的人员进行必要的检测，被检测人员应当予以配合；对拒绝接受检测的，经县级以上人民政府公安机关或者其派出机构负责人批准，可以强制检测。

公安机关应当对吸毒人员进行登记。

▶理解与适用

本条共分为两款。第一款是关于对涉嫌吸毒人员进行必要的检测的规定。

（1）吸毒检测的条件和程序。本法对检测登记明确规定了条件和程序，公安机关在进行吸毒检测时，应当遵守本法及相关规定，涉嫌吸毒人员应当按照要求接受检测。第一，应当有一定的证据或者迹象表明被检测人涉嫌吸食、注射毒品。比如，公安人员在执法中发现被检测人正在吸毒或者持有毒品；被检测人身上带有或者住处发现毒品或者疑似用于吸食、注射毒品的用具，如沾有毒品的注射器、锡箔纸等。第二，吸毒检测必须遵循法定程序。《吸毒检测程序规定》对公安机关进行吸毒检测的行为作出规范。吸毒检测是运用科学技术手段对涉嫌吸毒的人员进行生物医学检测，为公安机关认定吸毒行为提供科学依据的活动。吸毒检测分为现场检测、实验室检测、实验室复检。至于吸毒人员的吸毒种类、生理依赖程度、吸毒成瘾认定、身心损害程度等方面的检测和判定，以及是否因为吸毒而患某种疾病等，可以不在吸毒检测时进行，而在确定被检测人确实吸毒后再作进一步检测。第三，检测应当由具有资格的人员进行。

（2）被检测人员的配合义务。这里的“配合”，包括被检测人员根据公安人员的规定，到指定的地点，比如公安机关或者其他检测机构进行检测；按照检测人员的指令，作出规定的行为，比如提供尿样、服药等，在检测人员提取检测样本的时候不予阻挠或者抗拒；如实回答检测人员的提问，以便于检测人员确定饮食、服药等方面是否存在可能影响检测结果准确性的因素，谨慎地作出判断等。

（3）强制检测。“强制检测”，是指采取能够限制被检测人的行动自由，使其无法抗拒检测的行为。比如，公安人员对于发现的可能吸食、注射毒品的人员，认为需要进行吸毒检测而其拒绝到检测场所接受检测的；在检测人员提取尿样、血液、毛发等生物检测样本的时候进行反抗，抗拒检测等，使检测无法进行的，公安人员可以决定采取强制检测，也就是采取身体约束措施，使其无法动作而能够顺利完成采集检测样本等检测活动。根据本款的规定，进行强制检测，必须经县级以上人民政府公安机关或者其派出机构负责人批准。这里规定的“派出机构”，主要是指公安机关的派出所。

本条第二款是关于吸毒人员的登记的规定。根据禁毒和戒毒工作的需要，为了保证登记信息的全面、准确，方便登记工作进行，便于信息的整理、分析和使用，公安机关确定登记的项目，并制作固定的登记表格。比如，吸毒者的基本情况，包括年龄、性别、文化程度、家庭住址、婚姻和家庭情况、工作职业及各种可能影响吸毒和戒毒的因素等；吸毒的基本情况，包括吸食注射毒品的种类、方式、持续时间、毒品的来源、摄取毒品的数量和成瘾程度等；吸毒者患有艾滋病、性病甚至肺结核、肝炎等传染病的情况；吸毒人员进行戒毒治疗和其他相关治疗、进行药物维持治疗的情况等。公安机关应当对吸毒人员进行实名登记。

▶条文参见

《戒毒条例》第 4 条；《吸毒检测程序规定》第 2－10 条

第三十三条　社区戒毒

对吸毒成瘾人员，公安机关可以责令其接受社区戒毒，同时通知吸毒人员户籍所在地或者现居住地的城市街道办事处、乡镇人民政府。社区戒毒的期限为三年。

戒毒人员应当在户籍所在地接受社区戒毒；在户籍所在地以外的现居住地有固定住所的，可以在现居住地接受社区戒毒。

▶理解与适用

本条共分为两款。第一款对社区戒毒作出了基本规定，包括社区戒毒的条件、决定机关、期限，以及公安机关通知城市街道办事处、乡镇人民政府的义务。

(1) 社区戒毒的条件。根据本款的规定，吸毒成瘾的人员，公安机关可以责令其进行社区戒毒。对于那些虽然吸毒，但没有达到医学上的成瘾指标的人员，比如，一些初次吸毒或者吸食低毒性毒品没有形成毒瘾的人，不需要进行戒毒治疗的，根据禁毒法及戒毒条例的规定，可以只给予治安管理处罚。

(2) 社区戒毒的决定机关。社区戒毒由公安机关决定。根据《戒毒条例》第十三条、第十四条第一款的规定，对吸毒成瘾人员，县级、设区的市级人民政府公安机关可以责令其接受社区戒毒，并出具责令社区戒毒决定书，送达本人及其家属，通知本人户籍所在地或者现居住地乡（镇）人民政府、城市街道办事处。社区戒毒人员应当自收到责令社区戒毒决定书之日起15日内到社区戒毒执行地乡（镇）人民政府、城市街道办事处报到，无正当理由逾期不报到的，视为拒绝接受社区戒毒。

(3) 通知城市街道办事处、乡镇人民政府的义务。根据本法第三十四条的规定，城市街道办事处、乡镇人民政府是社区戒毒工作的主体，具体负责社区戒毒工作，包括落实有针对性的社区戒毒措施，负责监督管理，提供心理咨询，为无职业且缺乏就业能力的戒毒人员提供必要的职业技能培训、就业指导和就业援助等。公安机关在作出责令社区戒毒的决定时，同时通知城市街道办事处、乡镇人民政府，才能完成决定与交付执行的衔接工作。根据本条第二款的规定，戒毒人员应当在户籍所在地接受社区戒毒；在户籍所在地以外的现居住地有固定住所的，也可以在现居住地接受社区戒毒。根据该规定，公安机关可以通知户籍所在地或者有固定住所的现居住地的城市街道办事处、乡镇人民政府。

(4) 社区戒毒的期限为三年。从医学的角度来看，进行戒毒治疗之后的半个月至一个月，就可以基本消除戒断症状，戒毒治疗后六个月左右，即可完全戒除生理毒瘾。但是，要戒除精神依赖，需要更长的时间。自戒除生理毒瘾后，如果不继续给予必要的约束，复吸的可能性很高。所以，在戒除生理毒瘾以后，不能对其放任不管，而应继续给予干预。这些干预措施包括定期进行监测、给予心理辅导、加强监督、强化就业、生活方面的救助、要求其继续遵守行为准则等。

本条第二款是关于在户籍所在地或有固定住所的现居住地戒毒的规定。在现居住地执行社区戒毒，应当有固定的住所。这里的固定住所，不仅指自己的住房，也包括自己可以长期稳定居住的亲友家中或者租住的房屋等。

▶条文参见

《戒毒条例》第13、14条；《吸毒成瘾认定办法》第2条

第三十四条　社区戒毒的主管机构

城市街道办事处、乡镇人民政府负责社区戒毒工作。城市街道办事处、乡镇人民政府可以指定有关基层组织，根据戒毒人员本人和家庭情况，与戒毒人员签订社区戒毒协议，落实有针对性的社区戒毒措施。公安机关和司法行政、卫生行政、民政等部门应当对社区戒毒工作提供指导和协助。

城市街道办事处、乡镇人民政府，以及县级人民政府劳动行政部门对无职业且缺乏就业能力的戒毒人员，应当提供必要的职业技能培训、就业指导和就业援助。

▶理解与适用

本条共分为两款。第一款是关于基层政权和有关机构落实社区戒毒措施的规定。

(1) 社区戒毒的执行主体。根据本条的规定，社区戒毒由城市街道办事处和乡镇人民政府执行。在具体的执行工作中，城市街道办事处、乡镇人民政府可以根据工作需要成立社区戒毒工作领导小组，配备社区戒毒专职工作人员。根据《戒毒条例》的有关规定，社区戒毒专职工作人员、社区民警、社区医务人员、社区戒毒人员的家庭成员以及禁毒志愿者共同组成社区戒毒工作小组具体实施社区戒毒，并在戒毒知识辅导，教育、劝诫，职业技能培训，职业指导，就学、就业、就医援助等方面提供帮助。

(2) 社区戒毒协议。乡镇人民政府、城市街道办事处应当在社区戒毒人员报到后，及时与其签订社区戒毒协议，明确社区戒毒的具体措施、社区戒毒人员应当遵守的规定以及违反社区戒毒协议应承担的责任，比如定期检测、服药、汇报戒毒情况、进行戒毒知识学习，参加生理、心理康复训练项目等。社区戒毒协议既应有要求戒毒人员切实履行各项义务的规定，也应有要求社区戒毒执行机关保证这些措施的落实，为戒毒人员提供必要的支持、协助和指导的内容。在签订协议的时候，基层组织要充分考虑吸毒者本人及其家庭的情况，做到既保证戒毒的效果，又不影响戒毒人员的正常生活、学习、工作，将协议的内容规定得灵活一些。比如，对于定期检验、服药和参加生理、心理康复训练项目等事项，虽然必须作出规定，但是对具体的执行时间和方式，可以规定得灵活一些，根据戒毒人员的身体状况、工作时间等灵活安排检测、服药的时间及参加的训练项目等。

(3) 政府有关部门的指导和协助义务。社区戒毒并不是单纯地提供戒毒服务，还要采取措施保证戒毒人员切实履行协议内容，以及处理生活、医疗等多方面的事务，比如对违反社区戒毒规定的处理、社区戒毒人员的生活保障、戒毒药物的发放、定期检测的进行、对吸毒人员患传染病的预防、吸毒人员的就业、入学等。以上事项单纯由基层政权和基层组织很难完成，为了保证这些事项能够顺利执行，本法规定了与这些工作关系较为密切的几个部门提供指导和协助的义务。

本条第二款是关于基层政权和有关机构为戒毒人员提供必要的职业技能培训、就业指导和就业援助的规定。提供必要的职业技能培训、就业指导和就业援助，包括举办技能培训项目、为就业提供信息、向用人单位推荐等，甚至可以举办一些经营单位，吸纳戒毒人员工作，解决其就业和生活困难。

▶条文参见

《戒毒条例》第2－4、16－18条；《就业促进法》第25、44、49、52、54条

第三十五条　社区戒毒人员的义务

接受社区戒毒的戒毒人员应当遵守法律、法规，自觉履行社区戒毒协议，并根据公安机关的要求，定期接受检测。

对违反社区戒毒协议的戒毒人员，参与社区戒毒的工作人员应当进行批评、教育；对严重违反社区戒毒协议或者在社区戒毒期间又吸食、注射毒品的，应当及时向公安机关报告。

▶理解与适用

本条共分为两款。第一款是关于社区戒毒人员应当遵守的

义务的规定。

根据本款的规定，社区戒毒人员应当遵守如下规定：(1) 遵守法律、法规。为了保证社区戒毒取得良好的效果，戒毒人员应当遵守有关法律法规，特别是不得违反法律、法规有关禁毒、戒毒的相关规定，比如不得违反刑法、治安管理处罚法的规定从事毒品违法犯罪行为，不得违反有关麻醉药品、精神药品管制的规定，不得违反禁毒法有关禁毒的管制措施，不得再吸食、注射毒品等。

(2) 自觉履行社区戒毒协议。对于社区戒毒协议的内容，戒毒人员应当采取积极的态度，主动配合和履行，比如按时到指定的地点服药、积极参加社区举办的戒毒心理、行为康复的训练项目等。

(3) 根据公安机关的要求，定期接受检测。对于检测的时间间隔，可以由公安机关根据吸毒成瘾以及戒毒进展的情况确定。比如，对于吸毒成瘾严重的，可以确定相对较短的检测时间间隔；在社区戒毒的初期，检测时间间隔可以短一些，以后随着戒毒的进展，可以适当放宽检测的时间间隔。

对于违反社区戒毒协议的戒毒人员，本条第二款规定应当进行批评、教育。批评、教育的中心是针对社区戒毒人员违反戒毒协议的原因和程度，让其切实理解违反社区戒毒协议的后果和责任，心悦诚服地改正错误。应当注意的是，社区戒毒的主要目的是帮助吸毒人员戒除毒瘾，恢复身心健康和正常的社会生活，因此在批评、教育时要注意讲究方式方法，要理解吸毒给他造成的痛苦和伤害，只要能够让其明白吸毒的危害，从而愧疚并决心改过即可，不宜简单地把批评、教育作为督促他们戒毒的日常工作手段。

根据《戒毒条例》第二十条的规定，社区戒毒人员在社区戒毒期间，逃避或者拒绝接受检测 3 次以上，擅自离开社区戒毒执行地所在县（市、区）3 次以上或者累计超过30 日的，属于本法规定的“严重违反社区戒毒协议”。对于严重违反社区戒毒协议或者在社区戒毒期间又吸食、注射毒品的人员，根据本法第三十八条的规定，应当由县级以上公安机关作出强制隔离戒毒的决定，送交强制隔离戒毒机构。应当注意的是，在执行中对于什么是“严重违反社区戒毒协议”应当严格把握，不宜把一般违反协议的行为作为进行强制隔离戒毒的理由，如有的戒毒人员偶尔没有参加协议项目或者没有按时检测等。

▶条文参见

《戒毒条例》第4、19、20条

第三十六条 戒毒医疗机构

吸毒人员可以自行到具有戒毒治疗资质的医疗机构接受戒毒治疗。

设置戒毒医疗机构或者医疗机构从事戒毒治疗业务的，应当符合国务院卫生行政部门规定的条件，报所在地的省、自治区、直辖市人民政府卫生行政部门批准，并报同级公安机关备案。戒毒治疗应当遵守国务院卫生行政部门制定的戒毒治疗规范，接受卫生行政部门的监督检查。

戒毒治疗不得以营利为目的。戒毒治疗的药品、医疗器械和治疗方法不得做广告。戒毒治疗收取费用的，应当按照省、自治区、直辖市人民政府价格主管部门会同卫生行政部门制定的收费标准执行。

▶理解与适用

本条共分为三款。第一款是关于吸毒人员可以自行到具有戒毒治疗资质的医疗机构接受戒毒治疗的规定。本款有三层含义：一是吸毒人员可以自行到具有戒毒治疗资质的医疗机构接受戒毒治疗，进行自愿戒毒。这种自愿戒毒方式的对象包括未被公安机关发现的吸毒人员，出于保护个人隐私而异地戒毒治疗的吸毒人员，以及在社区戒毒的吸毒人员。吸毒人员在接受自愿戒毒治疗期间，有关部门不得以吸毒成瘾为由将吸毒人员进行强制隔离戒毒。二是吸毒人员必须到具有戒毒治疗资质的医疗机构戒毒，不具有戒毒治疗资质的医疗机构不得进行戒毒治疗。“具有戒毒治疗资质的医疗机构”，是指本条第二款规定的符合国务院卫生和健康行政部门规定的条件，并经所在地的省、自治区、直辖市人民政府卫生行政部门批准，并报同级公安机关备案的医疗机构。三是确立了医疗机构在戒毒过程中的主体资格。戒毒医疗机构应当与自愿戒毒人员或者其监护人签订自愿戒毒协议，就戒毒方法、戒毒期限、戒毒的个人信息保密、戒毒人员应当遵守的规章制度、终止戒毒治疗的情形等作出约定，并应当载明戒毒疗效、戒毒治疗风险。

本条第二款是关于设置戒毒或者从事戒毒治疗业务的医疗机构的条件的规定。戒毒医疗机构是指经省级人民政府卫生行政部门批准从事戒毒医疗服务的戒毒医院或设有戒毒治疗科的其他医疗机构。本条规定了三个方面的要求：(1) 设置戒毒医疗机构或者医疗机构从事戒毒治疗业务应当符合国务院卫生和健康行政部门规定的条件。《戒毒医疗服务管理暂行办法》对戒毒医疗机构资质的认定与登记、戒毒医疗机构的执业人员资格、戒毒医疗机构执业规则、戒毒医疗机构的监督管理等方面作出了明确的规定。(2) 设置戒毒医疗机构或者医疗机构从事戒毒治疗业务的，应当报所在地的省、自治区、直辖市人民政府卫生和健康行政部门批准，并报同级公安机关备案。(3) 戒毒治疗应当遵守国务院卫生和健康行政部门制定的戒毒治疗规范，接受卫生和健康行政部门的监督检查。

本条第三款是关于戒毒治疗的禁则和收取费用标准的规定。(1) 戒毒治疗的禁则包括两个方面的内容：一是戒毒治疗不得以营利为目的。戒毒治疗的一切收益只能用于发展戒毒治疗事业本身，不得用于分红。二是戒毒治疗的药品、医疗器械和治疗方法不得做广告。这里规定的“广告”，是指所有形式的广告，既包括商业广告，也包括公益广告。(2) 关于戒毒治疗收费问题。这包含两层意思：一是戒毒医疗机构、从事戒毒治疗业务的医疗机构可以根据当地情况和自身条件实行免费戒毒治疗，也可以收取一定费用。二是戒毒医疗机构、从事戒毒治疗业务的医疗机构如果对戒毒治疗收取费用，应当按照“收费标准”执行，不得以任何形式擅自提高收费标准。

▶条文参见

《戒毒条例》第 9 – 11 条；《戒毒医疗服务管理暂行办法》第 2、6 – 10、41 – 45 条；《广告法》第 15、16 条

第三十七条 戒毒医疗机构职责

医疗机构根据戒毒治疗的需要，可以对接受戒毒治疗的戒毒人员进行身体和所携带物品的检查；对在治疗期间有人身危险的，可以采取必要的临时保护性约束措施。

发现接受戒毒治疗的戒毒人员在治疗期间吸食、注射毒品的，医疗机构应当及时向公安机关报告。

▶理解与适用

本条共分为两款。第一款是关于戒毒医疗机构、从事戒毒治疗业务的医疗机构履行戒毒职责相关权利的规定。本款规定了两个方面的内容：（1）授权有关医疗机构可以对接受戒毒治疗的戒毒人员进行身体和所携带物品检查。检查对象是接受戒毒治疗的戒毒人员的身体和所携带物品。（2）授权医疗机构对在戒毒治疗期间有人身危险的戒毒人员可以采取必要的临时保护性约束措施。采取临时保护性约束措施的范围和对象是在治疗期间有人身危险的戒毒人员。“有人身危险”包括可能对戒毒人员自身安全造成危险及对他人人身安全造成危险。“临时保护性约束措施”，是指在治疗期间，对接受戒毒治疗的有人身危险的戒毒人员，医疗机构采取的以保护人身为目的的临时性约束措施。约束程度以使其不再具有危害公共安全或者人身安全的危险性为适当。约束方法可以为将其约束在医疗机构某一场

所，约束时间一般以有效地防止其再危害人身安全为限。开展戒毒医疗服务的医疗机构及其医务人员应实施正确、有效的约束，禁止使用粗暴、野蛮，甚至伤害戒毒人员身体的手段，并且在采取临时保护性约束措施的同时加强护理观察。

需要明确的是，戒毒人员自愿选择在医疗机构戒毒治疗，就有义务配合医疗机构进行治疗，包括配合检查，接受必要的临时保护性约束措施。开展戒毒医疗服务的医疗机构也应当与戒毒人员签订知情同意书。对无民事行为能力或者限制民事行为能力的戒毒人员，可与其监护人签订知情同意书。知情同意书的内容应当包括戒毒医疗的适应症、方法、时间、疗效、医疗风险、个人资料保密、戒毒人员应当遵守的各项规章制度以及双方的权利、义务等。

本条第二款是关于戒毒医疗机构、从事戒毒治疗业务的医疗机构有义务及时向公安机关报告的规定。戒毒人员治疗期间，医疗机构应当不定期对其进行吸毒检测。发现戒毒人员吸食、注射毒品的，医疗机构应当及时向当地公安机关报告。本款有两层含义：(1) 需要向公安机关报告的内容只限于戒毒人员在治疗期间吸食、注射毒品的情况。"在治疗期间吸食、注射毒品的"，是指在治疗期间戒毒人员擅自吸食、注射毒品的行为。根据戒毒需要进行替代维持治疗的不属于需要报告情形，如美沙酮是管制的麻醉药品，也是一种毒品，在替代治疗中，在医师指导下服用美沙酮属于戒毒治疗，不属于这里需要报告的情形。(2) 及时报告。根据本法第六十七条的规定，戒毒医疗机构发现接受戒毒治疗的戒毒人员在治疗期间吸食、注射毒品，不向公安机关报告的，由卫生行政部门责令改正；情节严重的，责令停业整顿。

▶条文参见

《宪法》第 37 条；《人民警察法》第 14 条；《治安管理处罚法》第 15 条；《戒毒治疗管理办法》第 25－28 条

第三十八条 强制隔离戒毒适用条件

吸毒成瘾人员有下列情形之一的，由县级以上人民政府公安机关作出强制隔离戒毒的决定：

（一）拒绝接受社区戒毒的；

（二）在社区戒毒期间吸食、注射毒品的；

（三）严重违反社区戒毒协议的；

（四）经社区戒毒、强制隔离戒毒后再次吸食、注射毒品的。

对于吸毒成瘾严重，通过社区戒毒难以戒除毒瘾的人员，公安机关可以直接作出强制隔离戒毒的决定。

吸毒成瘾人员自愿接受强制隔离戒毒的，经公安机关同意，可以进入强制隔离戒毒场所戒毒。

▶理解与适用

本条共分为三款。第一款是关于强制隔离戒毒适用条件的规定。这一款包括以下三层含义：1. 强制隔离戒毒的决定由县级以上人民政府公安机关作出。“县级以上人民政府公安机关”，包括县、不设区的市公安局、市辖区公安分局，以及在铁路、林业、民航、交通、海关等单位设立的与县级人民政府公安机关级别相当的公安机关，以及上述公安机关的上级公安机关。

2. 强制隔离戒毒的对象是吸毒成瘾人员。吸毒人员同时具备以下情形的，公安机关认定其吸毒成瘾：（1）经血液、尿液、唾液等人体生物样本检测证明其体内含有毒品成份；（2）有证据证明其有使用毒品行为；（3）有戒断症状或者有证据证明吸毒史，包括曾经因使用毒品被公安机关查处或者曾经进行自愿戒毒、人体毛发样品检测出毒品成分等情形。戒断症状的具体情形，参照卫生部门制定的《阿片类药物依赖诊断治疗指导原则》《苯丙胺类药物依赖诊断治疗指导原则》和《氯胺酮依赖诊断治疗指导原则》确定。对吸食、注射毒品还没有成瘾的吸毒人员，不适用本条规定的强制隔离戒毒措施。

3. 对吸毒成瘾人员强制隔离戒毒需符合四项法定情形之一。根据本款的规定，这四项法定情形是指：(1) 拒绝接受社区戒毒的；(2) 在社区戒毒期间吸食、注射毒品的；(3) 严重违反社区戒毒协议的；(4) 在社区戒毒、强制隔离戒毒后再次吸食、注射毒品的。

本条第二款是关于公安机关可以对吸毒成瘾严重、通过社区戒毒难以戒除毒瘾的人员，直接作出强制隔离戒毒决定的规定。从本条第一款的规定可以看出，对吸毒成瘾人员的戒毒，一般先适用社区戒毒，社区戒毒措施难以达到效果的，再适用强制隔离戒毒。本款则对这一原则作了例外规定，针对特殊情况，赋予了公安机关一定的自由裁量权，即可以不作出责令接受社区戒毒的决定，而直接作出强制隔离戒毒的决定。法律规定的特殊情况是指两个条件：一是吸毒成瘾严重；二是通过社区戒毒难以戒除毒瘾。关于吸毒成瘾严重的具体认定标准，《吸毒成瘾认定办法》第八条规定："吸毒成瘾人员具有下列情形之一的，公安机关认定其吸毒成瘾严重：（一）曾经被责令社区戒毒、强制隔离戒毒（含《禁毒法》实施以前被强制戒毒或者劳教戒毒)、社区康复或者参加过戒毒药物维持治疗，再次吸食、注射毒品的；（二）有证据证明其采取注射方式使用毒品或者至少三次使用累计涉及两类以上毒品的；（三）有证据证明其使用毒品后伴有聚众淫乱、自伤自残或者暴力侵犯他人人身、财产安全或者妨害公共安全等行为的。"

本条第三款是关于戒毒人员可以自愿接受强制隔离戒毒的规定。本款规定，吸毒成瘾人员自愿接受强制隔离戒毒的，经公安机关同意，可以直接进入强制隔离戒毒场所戒毒。

▶条文参见

《治安管理处罚法》第91条；《戒毒条例》第25条；《吸毒成瘾认定办法》第4-8条

第三十九条 不适用强制隔离戒毒的情形

怀孕或者正在哺乳自己不满一周岁婴儿的妇女吸毒成瘾的，不适用强制隔离戒毒。不满十六周岁的未成年人吸毒成瘾的，可以不适用强制隔离戒毒。

对依照前款规定不适用强制隔离戒毒的吸毒成瘾人员，依照本法规定进行社区戒毒，由负责社区戒毒工作的城市街道办事处、乡镇人民政府加强帮助、教育和监督，督促落实社区戒毒措施。

▶理解与适用

本条共分为两款。第一款是关于对特定对象不适用强制隔离戒毒的规定。这主要包括两种情况：（1）不适用强制隔离戒毒的对象。根据本款的规定，对怀孕或者正在哺乳自己不满一周岁婴儿的妇女，即使符合强制隔离戒毒条件，也一律不适用强制隔离戒毒。（2）可以不适用强制隔离戒毒的对象。对吸毒成瘾符合强制隔离戒毒条件的不满十六周岁的未成年人，可以不适用强制隔离戒毒。也就是说，对不满十六周岁的未成年人，符合强制隔离戒毒条件的，可以适用强制隔离戒毒，也可以不适用强制隔离戒毒。

本条第二款是关于对不适用强制隔离戒毒的吸毒成瘾人员加强社区戒毒的规定。根据本款的规定，对依照本条第一款规定不适用强制隔离戒毒的吸毒成瘾人员，依照本法规定进行社区戒毒，由负责社区戒毒工作的城市街道办事处、乡镇人民政府加强帮助、教育和监督，督促落实社区戒毒措施。公安机关应当依照本法和《戒毒条例》的规定，责令其接受社区戒毒，与有关基层组织签订戒毒协议。负责其社区戒毒工作的城市街道办事处、乡镇人民政府及有关基层组织应当根据本法的规定，加强对其帮助、教育和监督，督促落实社区戒毒措施。

▶条文参见

《治安管理处罚法》第21条；《戒毒条例》第26条；《公安机关强制隔离戒毒所管理办法》第15条；《司法行政机关强制隔离戒毒工作规定》第12条

第四十条 强制隔离戒毒的决定程序和救济措施

公安机关对吸毒成瘾人员决定予以强制隔离戒毒的，应当制作强制隔离戒毒决定书，在执行强制隔离戒毒前送达被决定人，并在送达后二十四小时以内通知被决定人的家属、所在单位和户籍所在地公安派出所；被决定人不讲真实姓名、住址，身份不明的，公安机关应当自查清其身份后通知。

被决定人对公安机关作出的强制隔离戒毒决定不服的，可以依法申请行政复议或者提起行政诉讼。

▶理解与适用

本条共分为两款。第一款是关于强制隔离戒毒决定书制作、送达、通知的规定。这包含以下三层含义：(1) 公安机关应当制作强制隔离戒毒决定书。“强制隔离戒毒决定书”，是指公安机关对吸毒成瘾人员予以强制隔离戒毒所作出的书面决定，是具有法律效力的文书。

(2) 公安机关应当在执行强制隔离戒毒前，将强制隔离戒毒决定书送达被决定人。实践中要注意，不能未送达决定书给被决定人，就对其执行强制隔离戒毒，也不能执行强制隔离戒毒后再送达决定书。决定书的送达一般应当使用直接送达，也称交付送达，即公安机关将决定书直接交付给被强制隔离戒毒人。

(3) 公安机关应当及时通知被决定人的家属、所在单位和户籍所在地公安派出所。根据本款的规定，公安机关应当在决定书送达后二十四小时以内通知被决定人的家属、所在单位和户籍所在地公安派出所；被决定人不讲真实姓名、住址，身份不明的，公安机关应当自查清其身份后通知。公安机关应当将决定书的主要内容，包括被强制隔离戒毒的原因、时间以及执行强制隔离戒毒的场所，在二十四小时以内通知被决定人的家属、所在单位和户籍所在地公安派出所。

本条第二款是关于被决定人对强制隔离戒毒决定不服的救济措施的规定。这包括两层意思：（1）被决定人对强制隔离戒毒决定不服的，可以依法申请行政复议。（2）被决定人对强制隔离戒毒决定不服的，也可以依法直接向人民法院提起行政诉讼。

▶条文参见

《治安管理处罚法》第96、97、102条；《行政处罚法》第7条；《行政复议法》；《行政诉讼法》

第四十一条 强制隔离戒毒场所

对被决定予以强制隔离戒毒的人员，由作出决定的公安机关送强制隔离戒毒场所执行。

强制隔离戒毒场所的设置、管理体制和经费保障，由国务院规定。

▶理解与适用

本条共分为两款。第一款是关于强制隔离戒毒决定送交执行的规定。根据本款的规定，对被决定予以强制隔离戒毒的人员，由作出决定的公安机关送强制隔离戒毒场所执行。这里规定的“作出决定的公安机关”，是指依照本法第三十八条和《戒毒条例》的有关规定，有权具体作出强制隔离戒毒决定的县级以上人民政府公安机关。公安机关派出机构无权决定强制隔离戒毒。“送”，是指作出强制隔离戒毒决定的公安机关，派出工作人员将被决定人送至强制隔离戒毒场所执行的行为。“强制隔离戒毒场所”，是指执行强制隔离戒毒措施的场所。

本条第二款是关于授权国务院对强制隔离戒毒场所设置等内容作出具体规定的规定。《戒毒条例》根据本法对强制隔离戒毒场所的设置、管理体制和经费保障等内容作出了具体规定。

▶条文参见

《治安管理处罚法》第103条；《戒毒条例》第3、4、6条

第四十二条　戒毒人员入所查检

戒毒人员进入强制隔离戒毒场所戒毒时，应当接受对其身体和所携带物品的检查。

▶理解与适用

本条规定包括两层含义：(1) 强制隔离戒毒场所有权对进入强制隔离戒毒场所戒毒的人员进行身体和所携带物品的检查。强制隔离戒毒场所对入所戒毒人员进行"身体"检查，主要是为了确认戒毒人员的某些身体特征、生理状态以及毒品依赖程度等，以便于强制隔离戒毒场所采取有针对性的管理和治疗。对入所戒毒人员"所携带物品"进行检查，主要是为了防止入所戒毒人员携带违禁品特别是毒品进入强制隔离戒毒场所，破坏强制隔离戒毒场所的管理秩序，对戒毒治疗造成恶劣影响。

(2) 戒毒人员在进入强制隔离戒毒场所戒毒时，有义务接受对其身体和所携带物品的检查。戒毒人员有义务配合强制隔离戒毒场所的检查。对于拒绝接受检查的，强制隔离戒毒场所应当进行说服教育，必要时可以强制检查。"戒毒人员"，是指符合强制隔离戒毒条件由公安机关决定强制隔离戒毒的人员，还包括经公安机关同意，自愿进入强制隔离戒毒场所戒毒的人员。"进入强制隔离戒毒场所戒毒时"包括第一次进入强制隔离戒毒场所戒毒时，也包括以后戒毒人员经批准外出探视后回强制隔离戒毒场所时。

▶条文参见

《宪法》第37条；《监狱法》第18条；《戒毒条例》第28条；《公安机关强制隔离戒毒所管理办法》第17条；《司法行政机关强制隔离戒毒工作规定》第13条

第四十三条 强制隔离戒毒的内容

强制隔离戒毒场所应当根据戒毒人员吸食、注射毒品的种类及成瘾程度等，对戒毒人员进行有针对性的生理、心理治疗和身体康复训练。

根据戒毒的需要，强制隔离戒毒场所可以组织戒毒人员参加必要的生产劳动，对戒毒人员进行职业技能培训。组织戒毒人员参加生产劳动的，应当支付劳动报酬。

▶理解与适用

本条共分为两款。第一款是关于强制隔离戒毒场所对戒毒人员进行戒毒治疗、康复训练的规定。这包括以下三层含义：(1) 强制隔离戒毒场所应当根据戒毒人员吸食、注射毒品的种类及成瘾程度，进行有针对性的治疗和康复训练。“毒品的种类”，是指违法使用的国家规定管制的能够使人形成瘾癖的麻醉药品和精神药品种类，包括鸦片、海洛因、甲基苯丙胺（冰毒)、吗啡、大麻、可卡因等。“吸毒成瘾的程度”，是指吸毒人员对毒品的依赖程度，特别是心理依赖程度。

(2) 强制隔离戒毒场所应当对戒毒人员进行有针对性的生理治疗和心理治疗。“生理治疗”，主要是指强制隔离戒毒场所对急性脱毒阶段的戒毒人员因戒毒产生的戒断症状进行有针对性的治疗，减轻其戒断症状，并预防由于突然戒毒可能产生的其他生理健康问题。戒断症状是指戒毒一段时间后所出现的血压升高、脉搏加快、体温升高、鸡皮疙瘩、流涕、腹泻、呕吐、肌肉骨骼病痛、腹痛、无力、不安、发冷、发热等症状。“心理治疗”主要是帮助吸毒成瘾人员纠正错误认识，树立自信心、责任心和意志力，强化其戒毒动机；帮助戒毒人员分析吸毒原因，提高自控能力；让戒毒人员逐渐减少不良习惯、不良行为、不良心理反应，建立奖励机制，挖掘潜力，重塑自我。

(3) 强制隔离戒毒场所应当对戒毒人员进行有针对性的身

体康复训练。身体康复训练主要是通过生理康复、心理康复，恢复心理、躯体、语言、日常生活、职业活动和社会生活等方面的能力，对戒毒人员进行行为矫治，矫正戒毒人员不良的行为习惯，在心理上、生理上以及社会生活上实现全面的整体的康复，达到心理协调平衡。

本条第二款是关于强制隔离戒毒场所组织戒毒人员参加生产劳动、进行职业技能培训的规定。实践中，应当注意把握以下几点：(1) 强制隔离戒毒场所要根据戒毒的需要，组织戒毒人员参加生产劳动。生产劳动应在戒毒人员生理脱毒后，身体无其他严重疾病下逐渐进行。(2) 强制隔离戒毒场所应当只是让戒毒人员参加必要的生产劳动，避免将戒毒人员仅仅当作劳动力使用。(3) 强制隔离戒毒场所要重视对戒毒人员的职业技能培训。(4) 强制隔离戒毒场所应当向参加生产劳动的戒毒人员支付劳动报酬。

▶条文参见

《宪法》第42条；《劳动法》第3条；《戒毒条例》第29条；《公安机关强制隔离戒毒所管理办法》第五章、第六章、第七章；《司法行政机关强制隔离戒毒工作规定》第五章、第六章

第四十四条　强制隔离戒毒场所的管理

强制隔离戒毒场所应当根据戒毒人员的性别、年龄、患病等情况，对戒毒人员实行分别管理。

强制隔离戒毒场所对有严重残疾或者疾病的戒毒人员，应当给予必要的看护和治疗；对患有传染病的戒毒人员，应当依法采取必要的隔离、治疗措施；对可能发生自伤、自残等情形的戒毒人员，可以采取相应的保护性约束措施。

强制隔离戒毒场所管理人员不得体罚、虐待或者侮辱戒毒人员。

▶理解与适用

本条共分为三款。第一款是关于强制隔离戒毒场所根据戒毒人员的性别、年龄、患病等情况实行分别管理的规定。“分别管理”，主要是指根据戒毒人员的性别、年龄、患病等情况，让其在不同的场所或者区域生活、劳动、接受治疗，由不同的管理人员根据其特点实施不同的管理措施等。这里所规定的根据“性别”实行分别管理，是指强制隔离戒毒场所对男性和女性戒毒人员实行分别管理；根据“年龄”实行分别管理，主要是指对未成年人和成年人实行分别管理；根据“患病”情况实行分别管理，主要是指根据对患病的戒毒人员进行治疗的需要，如对重病患者、传染病患者进行特殊照顾或者隔离治疗的需要，对患病和没有患病的戒毒人员，对患有不同病的戒毒人员实行分别管理。

本条第二款是关于强制隔离戒毒场所采取看护、隔离、治疗和保护性约束措施的规定。本款共规定了三个方面的内容：(1) 强制隔离戒毒场所对有严重残疾或者疾病的戒毒人员，应当给予必要的看护和治疗。这里规定了两种戒毒人员，即有严重残疾的戒毒人员和有严重疾病的戒毒人员。“必要的看护”，主要是指为了保证有严重残疾或者疾病的戒毒人员正常生活和接受正常治疗的需要，向其提供必要的照顾和帮助。(2) 强制隔离戒毒场所对患有传染病的戒毒人员，应当依法采取必要的隔离、治疗措施。“依法”，主要是指依照传染病防治法及其他相关法律法规的规定。(3) 强制隔离戒毒场所对可能发生自伤、自残等情形的戒毒人员，可以采取相应的保护性约束措施。“自伤、自残”，是指戒毒人员由于毒瘾发作、自暴自弃或者为逃避监管治疗等原因，通过吞食异物、故意伤残自己身体等方式，故意使自己的身体受到伤害或者导致残疾的情况。

本条第三款是关于强制隔离戒毒场所管理人员不得体罚、虐待或者侮辱戒毒人员的规定。“管理人员”，是指在强制隔离戒毒场所中行使管理职责的工作人员。本款所禁止的体罚、虐待或者侮辱，主要是指对戒毒人员强迫从事过度劳动、任意殴打、捆绑、冻饿、罚站、罚跪、嘲笑、辱骂、滥施械具等行为。

▶条文参见

《宪法》第33条；《残疾人保障法》第2、4条；《传染病防治法》第3、4、12、39、41、42、52、69条；《刑法》第248条；《人民警察法》第22、48条；《戒毒条例》第30条；《公安机关强制隔离戒毒所管理办法》第19、44、45条；《司法行政机关强制隔离戒毒工作规定》第16、36、40条

第四十五条 强制隔离戒毒场所配备执业医师

强制隔离戒毒场所应当根据戒毒治疗的需要配备执业医师。强制隔离戒毒场所的执业医师具有麻醉药品和精神药品处方权的，可以按照有关技术规范对戒毒人员使用麻醉药品、精神药品。

卫生行政部门应当加强对强制隔离戒毒场所执业医师的业务指导和监督管理。

▶理解与适用

本条共分为两款。第一款是关于强制隔离戒毒场所配备执业医师和执业医师使用麻醉药品、精神药品的规定。这包括两个方面的内容：（1）强制隔离戒毒场所应当根据戒毒治疗的需要配备执业医师。这里所规定的“执业医师”，依照执业医师法的规定，是指依法取得执业医师资格或者执业助理医师资格，经注册在医疗、预防、保健机构中执业的专业医务人员。（2）强制隔离戒毒场所的执业医师具有麻醉药品和精神药品处方权的，可以按照有关技术规范对戒毒人员使用麻醉药品、精神药品。在使用麻醉药品和精神药品时，必须严格遵守国家有关麻醉药品和精神药品使用的管理规定。

本条第二款是关于卫生行政部门对强制隔离戒毒场所执业

医师的业务指导和监督管理的规定。《医师法》第四条规定，国务院卫生健康主管部门负责全国的医师管理工作。国务院教育、人力资源社会保障、中医药等有关部门在各自职责范围内负责有关的医师管理工作。县级以上地方人民政府卫生健康主管部门负责本行政区域内的医师管理工作。县级以上地方人民政府教育、人力资源社会保障、中医药等有关部门在各自职责范围内负责有关的医师管理工作。

▶条文参见

《医师法》第2、4、8－16、28、55条；《刑法》第355条；《麻醉药品和精神药品管理条例》第4、38－41、45、73条；《戒毒条例》第29条；《公安机关强制隔离戒毒所管理办法》第47条；《司法行政机关强制隔离戒毒工作规定》第35条

第四十六条　探访、探视和物品的检查

戒毒人员的亲属和所在单位或者就读学校的工作人员，可以按照有关规定探访戒毒人员。戒毒人员经强制隔离戒毒场所批准，可以外出探视配偶、直系亲属。

强制隔离戒毒场所管理人员应当对强制隔离戒毒场所以外的人员交给戒毒人员的物品和邮件进行检查，防止夹带毒品。在检查邮件时，应当依法保护戒毒人员的通信自由和通信秘密。

▶理解与适用

本条共分为两款。第一款规定了两个方面的内容：1. 戒毒人员的亲属和所在单位或者就读学校的工作人员，可以按照有关规定探访戒毒人员。探访人员范围要根据强制隔离戒毒的性质、强制隔离戒毒工作顺利开展的需要以及强制隔离戒毒人员的社会关系情况等因素来划定。戒毒人员的“亲属”，既包括戒毒人员的夫、妻、父、母、子、女、同胞兄弟姊妹等近亲属，也包括戒毒人员的其他亲属，既包括在强制隔离戒毒前与戒毒

人员共同生活的家庭成员，也包括不与戒毒人员共同生活的其他亲属；所在单位的工作人员，主要是指戒毒人员在被强制隔离戒毒前工作的机关、企业事业单位的领导、同事等；就读学校的工作人员，主要是指戒毒人员在被强制隔离戒毒前就读的学校的教师及其他工作人员。“按照有关规定”，主要是指到强制隔离戒毒场所探视戒毒人员，应当按照国务院行政法规、部门规章等关于强制隔离戒毒场所的有关管理规定。

2. 戒毒人员经强制隔离戒毒场所批准，可以外出探视配偶、直系亲属。《公安机关强制隔离戒毒所管理办法》第二十五条中规定，戒毒人员具有以下情形之一的，强制隔离戒毒所可以批准其请假出所：(1) 配偶、直系亲属病危或者有其他正当理由需离所探视的；(2) 配偶、直系亲属死亡需要处理相应事务的；(3) 办理婚姻登记等必须由本人实施的民事法律行为的。《司法行政机关强制隔离戒毒工作规定》第二十四条中规定，戒毒人员因配偶、直系亲属病危、死亡或者家庭有其他重大变故，可以申请外出探视。强制隔离戒毒所可以批准戒治效果好的戒毒人员外出探视其配偶、直系亲属。与强制隔离戒毒人员外出探视的对象范围是不一致的，可以探访的人员包括戒毒人员的亲属和所在单位或者就读学校的工作人员，范围较大；可以外出探视的对象范围仅限于配偶、直系亲属，范围较小。

本条第二款规定，强制隔离戒毒场所管理人员应当对强制隔离戒毒场所以外的人员交给戒毒人员的物品和邮件进行检查，防止夹带毒品。需要注意的是，强制隔离戒毒场所的管理人员对强制隔离戒毒场所以外的人员交给戒毒人员的物品和邮件进行检查，其目的是防止夹带毒品。因此，所采用的检查方法和手段，既要能实现这一目的，又要以实现这一目的为限；既不能疏忽大意、懈怠履职，导致毒品流入戒毒人员之手，也不能采用破坏性方式损毁物品和邮件，侵犯戒毒人员的合法权益。《公安机关强制隔离戒毒所管理办法》和《司法行政机关强制隔离戒毒工作规定》对检查物品和邮件的程序作了规定。

▶条文参见

《宪法》第40条；《戒毒条例》第28条；《公安机关强制隔离戒毒所管理办法》第23－25条；《司法行政机关强制隔离戒毒工作规定》第20－25条

第四十七条　强制隔离戒毒期限

强制隔离戒毒的期限为二年。

执行强制隔离戒毒一年后，经诊断评估，对于戒毒情况良好的戒毒人员，强制隔离戒毒场所可以提出提前解除强制隔离戒毒的意见，报强制隔离戒毒的决定机关批准。

强制隔离戒毒期满前，经诊断评估，对于需要延长戒毒期限的戒毒人员，由强制隔离戒毒场所提出延长戒毒期限的意见，报强制隔离戒毒的决定机关批准。强制隔离戒毒的期限最长可以延长一年。

▶理解与适用

本条共分为三款。根据第一款的规定，强制隔离戒毒的期限为二年。《戒毒条例》第二十七条第一款规定，强制隔离戒毒的期限为2年，自作出强制隔离戒毒决定之日起计算。根据上述规定，自县级以上人民政府公安机关依照本法第三十八条的规定，对符合条件的吸毒成瘾人员决定强制隔离戒毒之日起，强制隔离戒毒措施的期限一律为二年。

需要注意的是，《戒毒条例》第三十一条中规定，强制隔离戒毒人员患严重疾病，不出所治疗可能危及生命的，经强制隔离戒毒场所主管机关批准，并报强制隔离戒毒决定机关备案，强制隔离戒毒场所可以允许其所外就医。所外就医期间，强制隔离戒毒期限连续计算。《戒毒条例》第三十二条中规定，强制隔离戒毒人员脱逃的，强制隔离戒毒场所应当立即通知所在地县级人民政府公安机关，并配合公安机关追回脱逃人员。被追回的强制隔离戒毒人员应当继续执行强制隔离戒毒，脱逃期间不计入强制隔离戒毒期限。

本条第二款规定，执行强制隔离戒毒一年后，经诊断评估，对于戒毒情况良好的戒毒人员，强制隔离戒毒场所可以提出提前解除强制隔离戒毒的意见，报强制隔离戒毒的决定机关批准。

《强制隔离戒毒诊断评估办法》规定，诊断评估由强制隔离戒毒所实施，县级以上人民政府公安机关、司法行政部门、卫生计生行政部门在各自职责范围内对诊断评估工作进行监督和指导；诊断评估的内容包括生理脱毒评估、身心健康评估、行为表现评估、社会环境与适应能力评估；各项评估内容有具体明确的评估标准。对于各项评估内容均达到评估标准的戒毒人员，强制隔离戒毒所可以提出提前解除强制隔离戒毒的意见。

本条第三款规定，强制隔离戒毒期满前，经诊断评估，对于需要延长戒毒期限的戒毒人员，由强制隔离戒毒场所提出延长戒毒期限的意见，报强制隔离戒毒的决定机关批准。强制隔离戒毒的期限最长可以延长一年。这里所规定的"诊断评估"的内容、标准和程序等与提前解除强制隔离戒毒的"诊断评估"是一致的，都要依照《强制隔离戒毒诊断评估办法》实施。

▶条文参见

《戒毒条例》第20、27、31、32条；《公安机关强制隔离戒毒所管理办法》第37、46、62条；《司法行政机关强制隔离戒毒工作规定》第3、31条；《强制隔离戒毒诊断评估办法》

第四十八条　社区康复

对于被解除强制隔离戒毒的人员，强制隔离戒毒的决定机关可以责令其接受不超过三年的社区康复。

社区康复参照本法关于社区戒毒的规定实施。

▶理解与适用

本条共分为两款。第一款是关于责令被解除强制隔离戒毒人员接受社区康复的规定。根据本款的规定，对于被解除强制隔离戒毒的人员，强制隔离戒毒的决定机关可以责令其接受不超过三年的社区康复。需要注意的是，本款规定的是“可以责令”而不是一律责令。即是否责令戒毒人员进行社区康复，应根据戒毒人员在强制隔离戒毒期间的戒毒情况而定。

实践中，被责令社区康复的戒毒人员包括三类：(1) 执行强制隔离戒毒一年后，经诊断评估，戒毒情况良好，提前解除强制隔离戒毒措施后，有必要进行社区康复以观后效的人员；(2) 执行强制隔离戒毒二年期满后，解除强制隔离戒毒措施后，有必要继续进行社区康复的人员；(3) 先被执行强制隔离戒毒二年，又经法定程序延长一年，解除强制隔离戒毒措施后，仍有必要进行社区康复的人员。这里所规定的“强制隔离戒毒的决定机关”，是指对该戒毒人员决定强制隔离戒毒的县级以上人民政府公安机关。

本条第二款是关于如何实施对被解除强制隔离戒毒人员的社区康复的规定。本法第三十三条至第三十五条规定了对吸毒成瘾人员的社区戒毒措施。社区戒毒措施与社区康复措施在适用对象和适用时间上不同。社区戒毒措施适用于初次发现的吸毒成瘾不太严重的吸毒人员，吸毒人员被责令接受社区戒毒的，只有在其拒绝社区戒毒、在社区戒毒期间吸食、注射毒品、严重违反社区戒毒协议或者经社区戒毒后再次吸食、注射毒品的，才予以强制隔离戒毒；而社区康复则适用于被解除强制隔离戒毒的人员，对于被解除强制隔离戒毒的人员，除根据本法第四十九条的规定自愿在戒毒康复场所生活、劳动的以外，公安机关可以责令其接受社区康复。但社区戒毒和社区康复在执行主体、目的及方法上基本是相同的。根据本款的规定，对戒毒人员一般也在户籍所在地接受社区康复；在户籍所在地以外的现居住地有固定住所的，可以在现居住地接受社区康复。社区康复工作也由城市街道办事处、乡镇人民政府负责。

▶条文参见

《戒毒条例》第38－41条

第四十九条 戒毒康复场所

县级以上地方各级人民政府根据戒毒工作的需要，可以开办戒毒康复场所；对社会力量依法开办的公益性戒毒康复场所应当给予扶持，提供必要的便利和帮助。

戒毒人员可以自愿在戒毒康复场所生活、劳动。戒毒康复场所组织戒毒人员参加生产劳动的，应当参照国家劳动用工制度的规定支付劳动报酬。

▶理解与适用

本条共分为两款。本条第一款是关于政府开办戒毒康复场所和社会力量依法开办公益性戒毒康复场所的规定。根据本款的规定，戒毒康复场所可以由县级以上地方各级人民政府根据戒毒工作的需要开办，也可以由社会力量开办，根据自愿原则，接收被依法解除强制隔离戒毒措施的戒毒人员在场所内生活、劳动，并接受戒毒康复治疗。对于社会力量依法开办公益性戒毒康复场所的，县级以上地方各级人民政府应当给予扶持，提供必要的便利和帮助，包括在开办手续、场地选择和经营过程中提供便利，帮助其解决在开办和经营过程中遇到的各种困难。

需要指出的是，本法第四十八条第一款规定，对于被解除强制隔离戒毒的人员，强制隔离戒毒的决定机关可以责令其接受不超过三年的社区康复。戒毒康复场所接收的也是被解除强制隔离戒毒的人员，因此对于被解除强制隔离戒毒的戒毒人员自愿到戒毒康复场所生活、劳动的，强制隔离戒毒的决定机关一般就不需要再责令其接受社区康复。

本条第二款是关于戒毒人员自愿在戒毒康复场所生活、劳动及参加生产劳动的劳动报酬的规定。本款共规定了两个方面的内容：(1) 戒毒人员可以自愿在戒毒康复场所生活、劳动。

这一规定强调的是戒毒人员在戒毒康复场所生活、劳动的自愿性。(2) 戒毒康复场所组织戒毒人员参加生产劳动的，应当参照国家劳动用工制度的规定支付劳动报酬。戒毒人员在戒毒康复场所参加生产劳动，既可以将参加劳动作为戒毒康复的一个有效的辅助手段，也可以通过参加劳动领取劳动报酬来获得治疗和生活的费用。

▶条文参见

《劳动法》第46、50条

第五十条 被限制人身自由的人员的戒毒治疗

公安机关、司法行政部门对被依法拘留、逮捕、收监执行刑罚以及被依法采取强制性教育措施的吸毒人员，应当给予必要的戒毒治疗。

▶理解与适用

本条规定的主体是依法执行拘留、逮捕、收监执行刑罚和执行强制性教育措施的公安机关、司法行政部门。这里所规定的“拘留”，包括治安管理处罚法规定的行政拘留和刑事诉讼法规定的刑事拘留。其中，行政拘留是短期内剥夺违反治安管理行为人的人身自由的一种处罚，是对自然人最严厉的一种治安管理处罚。治安管理处罚法关于拘留处罚的幅度的规定，一般分为五日以下、五日以上十日以下、十日以上十五日以下。这里所说的刑事拘留，是公安机关在紧急情况下，对现行犯或者重大嫌疑分子采取的依法剥夺其人身自由的强制措施。这里所规定的“逮捕”，是指刑事诉讼法规定的逮捕强制措施。“收监执行刑罚”，是指依照刑事诉讼法和监狱法的有关规定，由监狱对被判处死刑缓期二年执行、无期徒刑、有期徒刑的罪犯执行刑罚。对于被判处有期徒刑的罪犯，在被交付执行刑罚前，剩余刑期在三个月以下，由看守所代为执行的，以及对被判处拘役的罪犯在拘役所或者看守所中执行刑罚的，也属于“收监执行刑罚”。对于本条规定的被依法剥夺人身自由的吸毒人员，公安机关、司法行政部门应当参照有关戒毒治疗的规定，给予其必要的戒毒治疗。

需要注意的问题是，对于吸毒人员在社区戒毒或者强制隔离戒毒期间，又因法定情形而被拘留、逮捕或者收监执行刑罚的情形，如何做好戒毒措施与拘留等措施衔接，有关行政法规和部门规章等对此作了明确。《戒毒条例》第二十四条规定，社区戒毒人员被依法收监执行刑罚、采取强制性教育措施的，社区戒毒终止。社区戒毒人员被依法拘留、逮捕的，社区戒毒中止，由羁押场所给予必要的戒毒治疗，释放后继续接受社区戒毒。

▶条文参见

《治安管理处罚法》第 10、21、72、76、91、103、107 条；《刑事诉讼法》第 80、81 条；《监狱法》第 15、16 条；《戒毒条例》第 21 条；《公安机关强制隔离戒毒所管理办法》第 65 条；《司法行政机关强制隔离戒毒工作规定》第 61 条

第五十一条 药物维持治疗

省、自治区、直辖市人民政府卫生行政部门会同公安机关、药品监督管理部门依照国家有关规定，根据巩固戒毒成果的需要和本行政区域艾滋病流行情况，可以组织开展戒毒药物维持治疗工作。

▶理解与适用

本条规定有两层含义：(1) 开展戒毒药物维持治疗工作由省、自治区、直辖市人民政府卫生行政部门会同公安机关、药品监督管理部门来进行，其他任何部门或者单位都无权开展这项工作。(2) 开展戒毒药物维持治疗工作的前提是依照国家有关规定，根据巩固戒毒成果的需要和本行政区域艾滋病流行情况的需要。这里的“国家有关规定”，是指《治安管理处罚法》

《公共场所卫生管理条例》《艾滋病防治条例》《戒毒治疗管理办法》《戒毒药物维持治疗工作管理办法》等有关戒毒治疗、防治、戒毒药物的临床应用等方面的法律、法规、规章等。

▶条文参见

《戒毒药物维持治疗工作管理办法》

第五十二条 戒毒人员不受歧视

戒毒人员在入学、就业、享受社会保障等方面不受歧视。有关部门、组织和人员应当在入学、就业、享受社会保障等方面对戒毒人员给予必要的指导和帮助。

▶理解与适用

本条有以下两层含义：1. 戒毒人员在入学、就业、享受社会保障等方面不受歧视。戒毒人员不受歧视，主要体现在入学、就业、享受社会保障等方面。(1) 关于入学方面。作为戒毒人员，如果是适龄未成年人，则有权利不受歧视地接受义务教育。而各级人民政府及其有关部门应当履行本法规定的各项职责，保障适龄儿童、少年接受义务教育的权利。如果是即将接受高等教育的，还需要保障其入学不受歧视。

(2) 关于就业方面。根据就业促进法的规定，劳动者依法享有平等就业和自主择业的权利。劳动者就业，不因民族、种族、性别、宗教信仰等不同而受歧视。作为劳动者，戒毒人员与其他人员一样享有上述权利。

(3) 关于社会保障方面。戒毒人员如果具有社会保险法等有关法律法规规定的单位职工身份，则其社会保险与其他职工一样享有同等的保障。

二是有关部门、组织和人员应当在入学、就业、享受社会保障等方面对戒毒人员给予必要的指导和帮助。根据本条的规定，教育部门对适龄的戒毒人员入学时要提供必需的咨询和服务，对其进入高等院校深造时，还要为其予以相应的指导，以促使其接受义务教育或者完成高等教育；劳动行政部门对无职业且缺乏就业能力的戒毒人员，应当提供必要的职业技能培训、就业指导和就业援助，并根据其具体情况，提供社会保险服务，解除其后顾之忧。

▶条文参见

《义务教育法》第2、4、5条；《就业促进法》第3、25条；《社会保险费征缴暂行条例》第3条

第五章　禁毒国际合作

第五十三条　禁毒国际合作的原则

中华人民共和国根据缔结或者参加的国际条约或者按照对等原则，开展禁毒国际合作。

▶理解与适用

我国与其他国家开展禁毒国际合作：(1) 根据缔结或者参加的国际条约开展禁毒国际合作。这里的国际条约，是指国际法主体间缔结的用于确定相互权利义务关系的书面协议。

(2) 如果我国与其他国家之间没有缔结或者参加国际条约的，则按照对等原则来进行。这里的"缔结或者参加的国际条约"既包括中国与外国共同加入的国际公约，也包括中国与外国签订的多边、双边条约。"对等原则"是处理国家关系的一项基本原则。简单来说，就是一国如何对待自己国家，本国就如何对待它。

▶条文参见

《民事诉讼法》第5条；《刑事诉讼法》第18条；《引渡法》第3条；《国际刑事司法协助法》第4条

第五十四条 国家禁毒委员会的国际合作职责

国家禁毒委员会根据国务院授权，负责组织开展禁毒国际合作，履行国际禁毒公约义务。

▶理解与适用

本条规定有以下两层含义：(1) 国家禁毒委员会根据国务院授权，负责组织开展禁毒国际合作。禁毒国际合作是指国家之间在禁毒的犯罪侦查、缉毒执法、情报交流、信息交换、培训等方面互相给予支持、便利和援助的一种合作。

(2) 国家禁毒委员会根据国务院授权，履行国际禁毒公约义务。这里的国际禁毒公约义务，主要是指《1961 年麻醉品公约》《1971 年精神药物公约》《联合国禁止非法贩运麻醉药品和精神药物公约》《联合国打击跨国有组织犯罪公约》等国际公约所规定的禁毒义务。

▶条文参见

《国际刑事司法协助法》第 2、6 条；《刑法》第 191 条

第五十五条 毒品犯罪的司法协助

涉及追究毒品犯罪的司法协助，由司法机关依照有关法律的规定办理。

▶理解与适用

根据本条的规定，涉及追究毒品犯罪的司法协助，由司法机关依照有关法律的规定办理。需要注意以下两个方面的问题：(1) 本条所规定的司法协助，仅涉及追究毒品犯罪的司法协助。本条所指的毒品犯罪，是一个广义的概念，我国刑法对什么是毒品犯罪没有具体的规定。在我国刑法中，毒品犯罪，泛指刑法分则第六章第七节所规定的有关毒品的犯罪。

（2）由司法机关依照有关法律的规定办理司法协助。本条所规定的司法协助，主要是指刑事司法协助。我国国际刑事司法协助法和引渡法，对具体的刑事司法协助请求的提出、接收和处理，文书送达，调查取证，安排证人作证或者协助调查，查封、扣押、冻结涉案财物，没收、返还违法所得及其他涉案财物，移管被判刑人，引渡等都作了详细的规定。有些具体的司法协助制度如承认和执行外国法院的刑事判决、裁定及诉讼移管，在我国法律中还没有进行规定。但总的来说，涉及追究毒品犯罪的司法协助，司法机关依照刑事诉讼法、国际刑事司法协助法、引渡法等有关法律的规定办理。

▶条文参见

《刑事诉讼法》第18条；《民事诉讼法》第二十七章；《国际刑事司法协助法》第5、6、12、14、15、19、24、26、32、40、48、57条；《引渡法》第24条

第五十六条　执法合作

国务院有关部门应当按照各自职责，加强与有关国家或者地区执法机关以及国际组织的禁毒情报信息交流，依法开展禁毒执法合作。

经国务院公安部门批准，边境地区县级以上人民政府公安机关可以与有关国家或者地区的执法机关开展执法合作。

▶理解与适用

本条共分为两款。第一款是关于与有关国家或者地区执法机关以及国际组织的禁毒情报信息交流的规定。为了有效地打击毒品犯罪、制裁毒品犯罪分子，各国之间需要及时交换本国收集的有关毒品犯罪的情报信息，交流稽查毒品犯罪的进展情况，以便得到对方的有力帮助。毒品犯罪情报信息的交流与合作也是国际禁毒公约的主要内容之一，在各国的禁毒斗争中都

起着不可替代的作用。

本条第二款是关于基层人民政府公安机关可以与有关国家或者地区的执法机关开展执法合作的规定。实践中，基层公安机关与有关国家或者地区的执法机关开展执法合作主要集中在调查取证、送达刑事诉讼文书、移交物证、书证和视听资料等方面。

第五十七条 涉案财物分享

通过禁毒国际合作破获毒品犯罪案件的，中华人民共和国政府可以与有关国家分享查获的非法所得、由非法所得获得的收益以及供毒品犯罪使用的财物或者财物变卖所得的款项。

▶理解与适用

根据本条的规定，通过禁毒国际合作破获毒品犯罪案件的，中华人民共和国政府可以与有关国家分享查获的非法所得、由非法所得获得的收益以及供毒品犯罪使用的财物或者财物变卖所得的款项。本条所规定的“非法所得”，是指直接或间接地通过毒品犯罪而产生或获得的任何财产，如贩毒所得的财物。“由非法所得获得的收益”，是指犯罪分子通过毒品犯罪获得财物后，以此为基础开办企业或者进行证券、期货、购房及其他投资方式所间接获得的财物。

此外，《国际刑事司法协助法》第四十九条和第五十四条，对违法所得及其他涉案财物的分享制度也进行了明确规定。对毒品犯罪案件的违法所得及其他涉案财物的分享问题，可以依照该规定办理。

▶条文参见

《联合国打击跨国有组织犯罪公约》第 14 条；《国际刑事司法协助法》第 49、54 条

第五十八条 对外援助

国务院有关部门根据国务院授权，可以通过对外援助等渠道，支持有关国家实施毒品原植物替代种植、发展替代产业。

▶理解与适用

本条规定中的“替代种植”，是指在毒品原植物种植较集中的区域，用种植粮食、经济作物的方法代替毒品原植物种植，以达到降低毒品产量，最终减少毒品交易实际效果的一种禁毒措施。“替代产业”是指与替代种植相关的产品生产、加工、出口等经济部门。根据本条的规定，实施替代种植国际合作的主体为国务院有关部门。

第六章 法律责任

第五十九条 毒品违法犯罪行为的法律责任

有下列行为之一，构成犯罪的，依法追究刑事责任；尚不构成犯罪的，依法给予治安管理处罚：

（一）走私、贩卖、运输、制造毒品的；

（二）非法持有毒品的；

（三）非法种植毒品原植物的；

（四）非法买卖、运输、携带、持有未经灭活的毒品原植物种子或者幼苗的；

（五）非法传授麻醉药品、精神药品或者易制毒化学品制造方法的；

（六）强迫、引诱、教唆、欺骗他人吸食、注射毒品的；

（七）向他人提供毒品的。

▶典型案例指引

1. 李某愉贩卖、运输毒品案（2017年6月20日最高人民法院毒品犯罪及涉毒次生犯罪十大典型案例）

案件适用要点：氯胺酮是一类精神药品，具有麻醉作用，滥用氯胺酮会产生认知障碍、引起幻觉，危害很大。近年来，滥用氯胺酮等合成毒品的人数呈上升之势，制造氯胺酮犯罪多发，个别地区较为突出。本案就是一起典型的制造、贩卖氯胺酮犯罪案件。被告人蔡某雄为牟取非法利益，纠集多人制造了大量氯胺酮并进行贩卖，案发后查获的成品数量达140余千克，社会危害极大，罪行极其严重。人民法院根据蔡某雄犯罪的事实、性质和具体情节，依法对其判处死刑，体现了对制造毒品这类源头性毒品犯罪的严惩政策。

2. 杨某水运输毒品案（2017年6月20日最高人民法院毒品犯罪及涉毒次生犯罪十大典型案例）

案件适用要点：为牟取高额报酬而组织他人运输毒品，不同于为挣取少量运费而受人指使、雇用运输毒品的情形，对前者应当依法予以严惩。尤其是组织怀孕妇女、病残人员等特殊群体运输毒品的，明显具有逃避法律制裁的目的，体现了更大的社会危害性和主观恶性，在政策把握上更应当体现严厉性。本案是一起典型的组织多名怀孕妇女运输毒品的犯罪案件，参与人员多，涉案毒品数量特别巨大，约定的非法报酬数额巨大。被告人杨某水系运输毒品共同犯罪中的组织者、直接实施者，罪责最为突出。杨某水曾因犯运输毒品罪被判处重刑，被假释后却不思悔改，变本加厉，在假释考验期内又犯运输毒品罪，系毒品再犯，主观恶性极深，应依法从重处罚。人民法院根据杨某水犯罪的事实、性质和具体情节，综合考虑其主观恶性、人身危险性，对其判处死刑，体现了对此类运输毒品犯罪的严惩政策。

3. 杨某贩卖毒品案（2017 年 6 月 20 日最高人民法院毒品犯罪及涉毒次生犯罪十大典型案例）

案件适用要点： 未成年人涉毒比例较高是当前毒品滥用与毒品犯罪方面的一个突出特点。一些犯罪分子利用未成年人心智不够成熟、分辨是非能力较弱、好奇心强、容易受到毒品诱惑的特点，控制、指使未成年人实施毒品犯罪，或者向未成年人出售毒品，严重危害未成年人身心健康。为保护未成年人权益，《刑法》第三百四十七条第六款规定："利用、教唆未成年人走私、贩卖、运输、制造毒品，或者向未成年人出售毒品的，从重处罚。"本案就是一起利用未成年人贩卖毒品，并向未成年人出售毒品的典型案例。被告人杨某通过为未成年人蒲某提供食宿等方式拉拢、控制蒲某，多次指使蒲某为其向购毒人员送毒品，还向未成年人杨某某出售毒品。人民法院根据杨某犯罪的事实和具体情节，对其从重判处刑罚，较好地体现了对未成年人的特别保护。

▶条文参见

《刑法》第 295、347、348、351 - 353、355、357 条；《治安管理处罚法》第 71 - 73 条；《禁毒法》第 19、20、24 条

第六十条　妨害毒品查禁工作行为的法律责任

有下列行为之一，构成犯罪的，依法追究刑事责任；尚不构成犯罪的，依法给予治安管理处罚：

（一）包庇走私、贩卖、运输、制造毒品的犯罪分子，以及为犯罪分子窝藏、转移、隐瞒毒品或者犯罪所得财物的；

（二）在公安机关查处毒品违法犯罪活动时为违法犯罪行为人通风报信的；

（三）阻碍依法进行毒品检查的；

（四）隐藏、转移、变卖或者损毁司法机关、行政执法机关依法扣押、查封、冻结的涉及毒品违法犯罪活动的财物的。

▶**条文参见**

《刑法》第277、310、312、314、349、417条；《治安管理处罚法》第50、60、74条；《禁毒法》第26、28条

第六十一条 容留他人吸毒、介绍买卖毒品的法律责任

容留他人吸食、注射毒品或者介绍买卖毒品，构成犯罪的，依法追究刑事责任；尚不构成犯罪的，由公安机关处十日以上十五日以下拘留，可以并处三千元以下罚款；情节较轻的，处五日以下拘留或者五百元以下罚款。

▶**条文参见**

《刑法》第347、354条

第六十二条 吸毒的法律责任

吸食、注射毒品的，依法给予治安管理处罚。吸毒人员主动到公安机关登记或者到有资质的医疗机构接受戒毒治疗的，不予处罚。

▶**条文参见**

《治安管理处罚法》第72条；《禁毒法》第31、32、36条

第六十三条 违反麻醉药品、精神药品管制的法律责任

在麻醉药品、精神药品的实验研究、生产、经营、使用、储存、运输、进口、出口以及麻醉药品药用原植物种植活动中，违反国家规定，致使麻醉药品、精神药品或者麻醉药品药用原植物流入非法渠道，构成犯罪的，依法追究刑事责任；尚不构成犯罪的，依照有关法律、行政法规的规定给予处罚。

▶条文参见

《刑法》第347、355条；《禁毒法》第19、21－23条；《麻醉药品和精神药品管理条例》第82条

第六十四条 违反易制毒化学品管制的法律责任

在易制毒化学品的生产、经营、购买、运输或者进口、出口活动中，违反国家规定，致使易制毒化学品流入非法渠道，构成犯罪的，依法追究刑事责任；尚不构成犯罪的，依照有关法律、行政法规的规定给予处罚。

▶理解与适用

本条中的“易制毒化学品”，根据《易制毒化学品管理条例》第二条第二款的规定，易制毒化学品分为三类，第一类是可以用于制毒的主要原料，第二类、第三类是可以用于制毒的化学配剂。

▶条文参见

《刑法》第347、350条；《易制毒化学品管理条例》第38、39、41条；《最高人民法院关于审理毒品犯罪案件适用法律若干问题的解释》第7、8条

第六十五条 娱乐场所涉毒违法犯罪行为的法律责任

娱乐场所及其从业人员实施毒品违法犯罪行为，或者为进入娱乐场所的人员实施毒品违法犯罪行为提供条件，构成犯罪的，依法追究刑事责任；尚不构成犯罪的，依照有关法律、行政法规的规定给予处罚。

娱乐场所经营管理人员明知场所内发生聚众吸食、注射毒品或者贩毒活动，不向公安机关报告的，依照前款的规定给予处罚。

▶理解与适用

本条规定的"娱乐场所"，按照《娱乐场所管理条例》的规定，是指以营利为目的，并向公众开放、消费者自娱自乐的歌舞、游艺等场所。"从业人员"包括娱乐场所的管理人员、服务人员、保安人员和在娱乐场所工作的其他人员。

▶典型案例指引

利某青等容留他人吸毒案（2017年6月20日最高人民法院毒品犯罪及涉毒次生犯罪十大典型案例）

案件适用要点：娱乐场所的经营者、管理者为招揽生意而容留他人吸毒的案件时有发生，一些不法分子为牟取利益而将娱乐场所专门用于容留他人吸毒甚至聚众吸毒，犯罪性质较一般的容留吸毒行为更为严重。本案就是一起利用娱乐场所容留他人吸毒以牟取非法利益的案例。被告人利某青等人为容留他人吸毒赚取利润而租赁KTV的两间包房，安排人员为吸毒者提供服务，容留行为持续时间长，案发时一次性容留10余人吸毒，犯罪情节恶劣。人民法院根据利某青等人犯罪的事实、性质和具体情节，依法判处了刑罚。

▶条文参见

《刑法》第347－350、353、354条；《治安管理处罚法》第71－74条；《娱乐场所管理条例》第2、5、13、14、31、43、57条

第六十六条　非法从事戒毒治疗业务的法律责任

未经批准，擅自从事戒毒治疗业务的，由卫生行政部门责令停止违法业务活动，没收违法所得和使用的药品、医疗器械等物品；构成犯罪的，依法追究刑事责任。

▶条文参见

《禁毒法》第36、37条；《刑法》第225、336、347条；

《戒毒条例》第 11 条

第六十七条　戒毒医疗机构发现吸毒不报告的法律责任

戒毒医疗机构发现接受戒毒治疗的戒毒人员在治疗期间吸食、注射毒品，不向公安机关报告的，由卫生行政部门责令改正；情节严重的，责令停业整顿。

▶条文参见

《禁毒法》第 36、37 条；《戒毒条例》第 4 条；《戒毒治疗管理办法》

第六十八条　违反麻醉药品、精神药品使用规定的法律责任

强制隔离戒毒场所、医疗机构、医师违反规定使用麻醉药品、精神药品，构成犯罪的，依法追究刑事责任；尚不构成犯罪的，依照有关法律、行政法规的规定给予处罚。

▶理解与适用

"强制隔离戒毒场所"，是指按照本法规定由公安机关对吸毒成瘾人员决定予以强制隔离戒毒的场所，其设置、管理体制和经费保障，由国务院具体规定。"医疗机构"，是指《医疗机构管理条例》中规定的，经县级以上人民政府卫生行政部门审核批准的，从事疾病诊断、治疗活动的医院、卫生院、疗养院、门诊部、诊所、卫生所以及急救站等机构。

▶条文参见

《刑法》第 347、355 条；《治安管理处罚法》第 72 条；《药品管理法》第 35 条；《执业医师法》第 24、37 条；《麻醉药品和精神药品管理条例》第 36、38、45、72、73、82 条；《非药用类麻醉药品和精神药品列管办法》

第六十九条 禁毒工作人员违法犯罪行为的法律责任

公安机关、司法行政部门或者其他有关主管部门的工作人员在禁毒工作中有下列行为之一，构成犯罪的，依法追究刑事责任；尚不构成犯罪的，依法给予处分：

（一）包庇、纵容毒品违法犯罪人员的；

（二）对戒毒人员有体罚、虐待、侮辱等行为的；

（三）挪用、截留、克扣禁毒经费的；

（四）擅自处分查获的毒品和扣押、查封、冻结的涉及毒品违法犯罪活动的财物的。

▶条文参见

《刑法》第 64、234、246、248、310、312、349、383、384、417 条；《治安管理处罚法》第 11、114－116 条；《人民警察法》第 22 条；《预算法》第 57、93 条；《娱乐场所管理条例》第 56 条

第七十条 歧视戒毒人员的法律责任

有关单位及其工作人员在入学、就业、享受社会保障等方面歧视戒毒人员的，由教育行政部门、劳动行政部门责令改正；给当事人造成损失的，依法承担赔偿责任。

▶理解与适用

本条规定的“有关单位”，是指与戒毒人员的学习、生活、工作密切相关的学校、企事业单位、公司、机关团体等单位。这里规定的“戒毒人员”既包括已经戒除毒瘾的吸毒人员，也包括正在进行戒毒治疗的吸毒人员。“歧视戒毒人员”，是指有关的学校、企业事业单位等有关单位在戒毒人员入学、工作等方面设置障碍，将戒毒人员拒之门外，或者虽然录用，但在工资、劳动社会保障等方面对戒毒人员实行不平等的待遇。

第七章　附　　则

第七十一条　施行日期

本法自 2008 年 6 月 1 日起施行。《全国人民代表大会常务委员会关于禁毒的决定》同时废止。

中华人民共和国治安管理处罚法（节录）

（2005年8月28日第十届全国人民代表大会常务委员会第十七次会议通过　根据2012年10月26日第十一届全国人民代表大会常务委员会第二十九次会议《关于修改〈中华人民共和国治安管理处罚法〉的决定》修正）

……

第二章　处罚的种类和适用

第十条　【处罚种类】治安管理处罚的种类分为：

（一）警告；

（二）罚款；

（三）行政拘留；

（四）吊销公安机关发放的许可证。

对违反治安管理的外国人，可以附加适用限期出境或者驱逐出境。

第十一条　【查获违禁品、工具和违法所得财物的处理】办理治安案件所查获的毒品、淫秽物品等违禁品，赌具、赌资，吸食、注射毒品的用具以及直接用于实施违反治安管理行为的本人所有的工具，应当收缴，按照规定处理。

违反治安管理所得的财物，追缴退还被侵害人；没有被侵害人的，登记造册，公开拍卖或者按照国家有关规定处理，所得款项上缴国库。

第十二条　【未成年人违法的处罚】已满十四周岁不满十八周岁的人违反治安管理的，从轻或者减轻处罚；不满十四周岁的人违反治安管理的，不予处罚，但是应当责令其监护人严加管教。

第十三条　【精神病人违法的处罚】精神病人在不能辨认或者不能控制自己行为的时候违反治安管理的，不予处罚，但是应当责令其监护人严加看管和治疗。间歇性的精神病人在精神正常的时候违反治安管理的，应当给予处罚。

第十四条　【盲人或聋哑人违法的处罚】盲人或者又聋又哑的人违反治安管理的，可以从轻、减轻或者不予处罚。

第十五条　【醉酒的人违法的处罚】醉酒的人违反治安管理的，应当给予处罚。

醉酒的人在醉酒状态中，对本人有危险或者对他人的人身、财产或者公共安全有威胁的，应当对其采取保护性措施约束至酒醒。

第十六条　【有两种以上违法行为的处罚】有两种以上违反治安管理行为的，分别决定，合并执行。行政拘留处罚合并执行的，最长不超过二十日。

第十七条　【共同违法行为的处罚】共同违反治安管理的，根据违反治安管理行为人在违反治安管理行为中所起的作用，分别处罚。

教唆、胁迫、诱骗他人违反治安管理的，按照其教唆、胁迫、诱骗的行为处罚。

第十八条　【单位违法行为的处罚】单位违反治安管理的，对其直接负责的主管人员和其他直接责任人员依照本法的规定处罚。其他法律、行政法规对同一行为规定给予单位处罚的，依照其规定处罚。

第十九条　【减轻处罚或不予处罚的情形】违反治安管理有下列情形之一的，减轻处罚或者不予处罚：

（一）情节特别轻微的；

（二）主动消除或者减轻违法后果，并取得被侵害人谅解的；

（三）出于他人胁迫或者诱骗的；

（四）主动投案，向公安机关如实陈述自己的违法行为的；

（五）有立功表现的。

第二十条　【从重处罚的情形】违反治安管理有下列情形之一的，从重处罚：

（一）有较严重后果的；

（二）教唆、胁迫、诱骗他人违反治安管理的；

（三）对报案人、控告人、举报人、证人打击报复的；

（四）六个月内曾受过治安管理处罚的。

第二十一条　【应给予行政拘留处罚而不予执行的情形】违反治安管理行为人有下列情形之一，依照本法应当给予行政拘留处罚的，不执行行政拘留处罚：

（一）已满十四周岁不满十六周岁的；

（二）已满十六周岁不满十八周岁，初次违反治安管理的；

（三）七十周岁以上的；

（四）怀孕或者哺乳自己不满一周岁婴儿的。

第二十二条　【追究时效】违反治安管理行为在六个月内没有被公安机关发现的，不再处罚。

前款规定的期限，从违反治安管理行为发生之日起计算；违反治安管理行为有连续或者继续状态的，从行为终了之日起计算。

第三章　违反治安管理的行为和处罚

……

第四节　妨害社会管理的行为和处罚

……

第七十条　【对赌博行为的处罚】以营利为目的，为赌博提供条件的，或者参与赌博赌资较大的，处五日以下拘留或者五百元以下罚款；情节严重的，处十日以上十五日以下拘留，并处五百元以上三千元以下罚款。

第七十一条　【对涉及毒品原植物行为的处罚】有下列行为之一的，处十日以上十五日以下拘留，可以并处三千元以下罚款；情节较轻的，处五日以下拘留或者五百元以下罚款：

（一）非法种植罂粟不满五百株或者其他少量毒品原植物的；

（二）非法买卖、运输、携带、持有少量未经灭活的罂粟等毒品原植物种子或者幼苗的；

（三）非法运输、买卖、储存、使用少量罂粟壳的。

有前款第一项行为，在成熟前自行铲除的，不予处罚。

第七十二条　【对毒品违法行为的处罚】有下列行为之一的，处十日以上十五日以下拘留，可以并处二千元以下罚款；情节较轻的，处五日以下拘留或者五百元以下罚款：

（一）非法持有鸦片不满二百克、海洛因或者甲基苯丙胺不满十克或者其他少量毒品的；

（二）向他人提供毒品的；

（三）吸食、注射毒品的；

（四）胁迫、欺骗医务人员开具麻醉药品、精神药品的。

第七十三条　【对教唆、引诱、欺骗他人吸食、注射毒品行为的处罚】教唆、引诱、欺骗他人吸食、注射毒品的，处十日以上十五日以下拘留，并处五百元以上二千元以下罚款。

第七十四条　【对服务行业人员通风报信行为的处罚】旅馆业、饮食服务业、文化娱乐业、出租汽车业等单位的人员，在公安机关查处吸毒、赌博、卖淫、嫖娼活动时，为违法犯罪行为人通风报信的，处十日以上十五日以下拘留。

第七十五条　【对饲养动物违法行为的处罚】饲养动物，干扰他人正常生活的，处警告；警告后不改正的，或者放任动物恐吓他人的，处二百元以上五百元以下罚款。

驱使动物伤害他人的，依照本法第四十三条第一款的规定处罚。

第七十六条　【对屡教不改行为的处罚】有本法第六十七条、第六十八条、第七十条的行为，屡教不改的，可以按照国家规定采取强制性教育措施。

第四章　处罚程序

……

第二节　决　　定

第九十一条　【处罚的决定机关】治安管理处罚由县级以上人民政府公安机关决定；其中警告、五百元以下的罚款可以由公安派出所决定。

第九十二条　【行政拘留的折抵】对决定给予行政拘留处罚的人，在处罚前已经采取强制措施限制人身自由的时间，应当折抵。限制人身自由一日，折抵行政拘留一日。

第九十三条　【违反治安管理行为人的陈述与其他证据的关系】公安机关查处治安案件，对没有本人陈述，但其他证据能够证明案件事实的，可以作出治安管理处罚决定。但是，只有本人陈述，没有其他证据证明的，不能作出治安管理处罚决定。

第九十四条　【陈述与申辩权】公安机关作出治安管理处罚决定前，应当告知违反治安管理行为人作出治安管理处罚的事实、理由及依据，并告知违反治安管理行为人依法享有的权利。

违反治安管理行为人有权陈述和申辩。公安机关必须充分听取违反治安管理行为人的意见，对违反治安管理行为人提出的事实、理由和证据，应当进行复核；违反治安管理行为人提出的事实、理由或者证据成立的，公安机关应当采纳。

公安机关不得因违反治安管理行为人的陈述、申辩而加重处罚。

第九十五条　【治安案件的处理】治安案件调查结束后，公安机关应当根据不同情况，分别作出以下处理：

（一）确有依法应当给予治安管理处罚的违法行为的，根据情节轻重及具体情况，作出处罚决定；

（二）依法不予处罚的，或者违法事实不能成立的，作出不予处罚决定；

（三）违法行为已涉嫌犯罪的，移送主管机关依法追究刑事责任；

（四）发现违反治安管理行为人有其他违法行为的，在对违反治安管理行为作出处罚决定的同时，通知有关行政主管部门处理。

第九十六条　【治安管理处罚决定书的内容】公安机关作出治安管理处罚决定的，应当制作治安管理处罚决定书。决定书应当载明下列内容：

（一）被处罚人的姓名、性别、年龄、身份证件的名称和号码、住址；

（二）违法事实和证据；

（三）处罚的种类和依据；

（四）处罚的执行方式和期限；

（五）对处罚决定不服，申请行政复议、提起行政诉讼的途径和期限；

（六）作出处罚决定的公安机关的名称和作出决定的日期。

决定书应当由作出处罚决定的公安机关加盖印章。

第九十七条　【宣告、送达、抄送】公安机关应当向被处罚人宣告治安管理处罚决定书，并当场交付被处罚人；无法当场向被处罚人宣告的，应当在二日内送达被处罚人。决定给予行政拘留处罚的，应当及时通知被处罚人的家属。

有被侵害人的，公安机关应当将决定书副本抄送被侵害人。

第九十八条　【听证】公安机关作出吊销许可证以及处二千元以上罚款的治安管理处罚决定前，应当告知违反治安管理行为人有权要求举行听证；违反治安管理行为人要求听证的，公安机关应当及时依法举行听证。

第九十九条　【期限】公安机关办理治安案件的期限，自受理之日起不得超过三十日；案情重大、复杂的，经上一级公安机关批准，可以延长三十日。

为了查明案情进行鉴定的期间，不计入办理治安案件的期限。

第一百条　【当场处罚】违反治安管理行为事实清楚，证据确凿，处警告或者二百元以下罚款的，可以当场作出治安管理处罚决定。

第一百零一条　【当场处罚决定程序】当场作出治安管理处罚决定的，人民警察应当向违反治安管理行为人出示工作证件，并填写处罚决定书。处罚决定书应当当场交付被处罚人；有被侵害人的，并将决定书副本抄送被侵害人。

前款规定的处罚决定书，应当载明被处罚人的姓名、违法行为、处罚依据、罚款数额、时间、地点以及公安机关名称，并由经办的人民警察签名或者盖章。

当场作出治安管理处罚决定的，经办的人民警察应当在二十四小时内报所属公安机关备案。

第一百零二条　【不服处罚提起的复议或诉讼】被处罚人对治安管理处罚决定不服的，可以依法申请行政复议或者提起行政诉讼。

第三节　执　　行

第一百零三条　【行政拘留处罚的执行】对被决定给予行政拘留处罚的人，由作出决定的公安机关送达拘留所执行。

第一百零四条　【当场收缴罚款范围】受到罚款处罚的人应当自收到处罚决定书之日起十五日内，到指定的银行缴纳罚款。但是，有下列情形之一的，人民警察可以当场收缴罚款：

（一）被处五十元以下罚款，被处罚人对罚款无异议的；

（二）在边远、水上、交通不便地区，公安机关及其人民警察依照本法的规定作出罚款决定后，被处罚人向指定的银行缴纳罚款确有困难，经被处罚人提出的；

（三）被处罚人在当地没有固定住所，不当场收缴事后难以执行的。

第一百零五条　【罚款交纳期限】人民警察当场收缴的罚款，应当自收缴罚款之日起二日内，交至所属的公安机关；在水上、旅客列车上当场收缴的罚款，应当自抵岸或者到站之日起二日内，交至所属的公安机关；公安机关应当自收到罚款之日起二日内将罚款缴付指定的银行。

第一百零六条　【罚款收据】人民警察当场收缴罚款的，应当向被处罚人出具省、自治区、直辖市人民政府财政部门统一制发的罚款收据；不出具统一制发的罚款收据的，被处罚人有权拒绝缴纳罚款。

第一百零七条　【暂缓执行行政拘留】被处罚人不服行政拘留处罚决定，申请行政复议、提起行政诉讼的，可以向公安机关提出暂缓执行行政拘留的申请。公安机关认为暂缓执行行政拘留不致发生社会危险的，由被处罚人或者其近亲属提出符合本法第一百零八条规定条件的担保人，或者按每日行政拘留二百元的标准交纳保证金，行政拘留的处罚决定暂缓执行。

……

中华人民共和国刑法（节录）

(1979 年 7 月 1 日第五届全国人民代表大会第二次会议通过　1997 年 3 月 14 日第八届全国人民代表大会第五次会议修订　根据 1998 年 12 月 29 日第九届全国人民代表大会常务委员会第六次会议通过的《全国人民代表大会常务委员会关于惩治骗购外汇、逃汇和非法买卖外汇犯罪的决定》、1999 年 12 月 25 日第九届全国人民代表大会常务委员会第十三次会议通过的《中华人民共和国刑法修正案》、2001 年 8 月 31 日第九届全国人民代表大会常务委员会第二十三次会议通过的《中华人民共和国刑法修正案（二）》、2001 年 12 月 29 日第九届全国人民代表大会常务委员会第二十五次会议通过的《中华人民共和国刑法修正案(三)》、2002 年 12 月 28 日第九届全国人民代表大会常务委员会第三十一次会议通过的《中华人民共和国刑法修正案（四)》、2005 年 2 月 28 日第十届全国人民代表大会常务委员会第十四次会议通过的《中华人民共和国刑法修正案（五)》、2006 年 6 月 29 日第十届全国人民代表大会常务委员会第二十二次会议通过的《中华人民共和国刑法修正案（六)》、2009 年 2 月 28 日第十一届全国人民代表大会常务委员会第七次会议通过的《中华人民共和国刑法修正案（七)》、2009 年 8 月 27 日第十一届全国人民代表大会常务委员会第十次会议通过的《全国人民代表大会常务委员会关于修改部分法律的决定》、2011 年 2 月 25 日第十一届全国人民代表大会常务委员会第十九次会议通过的《中华人民共和国刑法修正案（八)》、2015 年 8 月 29 日第十二届全国人民代表大会常务委员会第十六次会议通过的《中华人民共和国刑法修正案（九)》、2017 年 11 月 4 日第十二届全国人民代表大会常务委员会第三十次会议通过的《中华人民共和国刑法修正案（十)》和 2020 年 12 月 26 日

第十三届全国人民代表大会常务委员会第二十四次会议通过的《中华人民共和国刑法修正案（十一）》修正）①

……

第三百四十七条　【走私、贩卖、运输、制造毒品罪】走私、贩卖、运输、制造毒品，无论数量多少，都应当追究刑事责任，予以刑事处罚。

走私、贩卖、运输、制造毒品，有下列情形之一的，处十五年有期徒刑、无期徒刑或者死刑，并处没收财产：

（一）走私、贩卖、运输、制造鸦片一千克以上、海洛因或者甲基苯丙胺五十克以上或者其他毒品数量大的；

（二）走私、贩卖、运输、制造毒品集团的首要分子；

（三）武装掩护走私、贩卖、运输、制造毒品的；

（四）以暴力抗拒检查、拘留、逮捕，情节严重的；

（五）参与有组织的国际贩毒活动的。

走私、贩卖、运输、制造鸦片二百克以上不满一千克、海洛因或者甲基苯丙胺十克以上不满五十克或者其他毒品数量较大的，处七年以上有期徒刑，并处罚金。

走私、贩卖、运输、制造鸦片不满二百克、海洛因或者甲基苯丙胺不满十克或者其他少量毒品的，处三年以下有期徒刑、拘役或者管制，并处罚金；情节严重的，处三年以上七年以下有期徒刑，并处罚金。

单位犯第二款、第三款、第四款罪的，对单位判处罚金，并对其直接负责的主管人员和其他直接责任人员，依照各该款的规定处罚。

利用、教唆未成年人走私、贩卖、运输、制造毒品，或者向未成年人出售毒品的，从重处罚。

---

① 刑法、历次刑法修正案、涉及修改刑法的决定的施行日期，分别依据各法律所规定的施行日期确定。

另，总则部分条文主旨为编者所加，分则条文主旨是根据司法解释确定罪名所加。

对多次走私、贩卖、运输、制造毒品，未经处理的，毒品数量累计计算。

▶典型案例指引

1. 王某娜等人贩卖毒品、王优生贩卖、运输毒品、故意伤害案（2018年6月26日最高人民检察院发布检察机关依法惩治毒品犯罪典型案例）

案件适用要点：毒品犯罪的隐蔽性较强，上下家之间一般以绰号相称，真实身份往往难以查清，给依法严惩大宗贩卖毒品等源头性犯罪造成困难。实践中，部分毒品犯罪案件也因此未能深挖细查，打击上下家等关联犯罪。检察机关在办理本案时，没有就案办案，而是主动监督，根据蛛丝马迹，深挖关联犯罪，并通过引导侦查取证，跟踪监督，锲而不舍，历时三年多时间，成功追诉多名漏犯及相关漏罪。

2. 周某、杨某华贩卖毒品案（2018年6月26日最高人民检察院发布检察机关依法惩治毒品犯罪典型案例）

案件适用要点：当前，我国毒品犯罪形势严峻，职业化明显，共同犯罪较多。对毒品共同犯罪应当依法区分主犯间的罪责大小，体现区别对待，做到罚当其罪。此外，毒品共同犯罪中，由于部分共同犯罪人未到案，往往影响对各共同犯罪人罪责的认定。检察机关通过侦查监督，发现并追诉遗漏的同案犯和遗漏罪行，成功追诉幕后主犯，并使真正罪责最大的主犯受到了严惩，防止对作用相对较小的被告人错误适用死刑，确保了办案质量。

3. 马某贵等人贩卖、运输毒品案（2018年6月26日最高人民检察院发布检察机关依法惩治毒品犯罪典型案例）

案件适用要点：毒品犯罪案件特别是运输毒品案件中，被告人到案后否认其明知是毒品的情形较为常见。主观明知的认定一直以来是办理毒品犯罪案件的难点问题，虽然相关司法解释和规范性文件已对推定明知作出规定，但在具体适用上还存在一定的认识分歧。本案就是在被告人否认明知是毒品的情形下，检察机关综合运用在案的其他证据，并根据被告人实施犯罪时的具体情形，包括犯罪的方式、过程等，结合其个人情况，如马某贵本人是吸毒人员等，来认定其主观明知，从而抗诉成功的案例。

4. 莫某友贩卖毒品案（2016年6月24日最高人民法院毒品犯罪及吸毒诱发次生犯罪十大典型案例）

案件适用要点： 近年来，毒品犯罪分子在实施走私、贩卖、运输、制造毒品犯罪的过程中，为掩护犯罪而携带枪支、弹药、爆炸物的案件屡有发生。特别是在广西、云南等边境地区，“枪毒合流”案件呈上升趋势。武装掩护毒品犯罪，不仅大大增加了执法机关查缉毒品犯罪的风险，也对社会治安和人民群众的生命财产安全构成威胁，并反映出犯罪分子较深的主观恶性和较大的人身危险性。因此，《刑法》第三百四十七条第二款第三项规定，犯罪分子具有“武装掩护走私、贩卖、运输、制造毒品”情节的，无论毒品数量多少，均应判处十五年有期徒刑以上刑罚。本案就是一起典型的贩毒人员携带枪支、弹药掩护毒品犯罪的案件。被告人莫某友贩卖少量毒品，却在实施毒品交易时随身携带枪支、弹药，并向追赶的公安人员开枪射击，虽未造成人员伤亡，但仍应认定为武装掩护贩卖毒品。人民法院根据其犯罪事实、情节，依法对其判处有期徒刑十五年，并处没收部分个人财产，体现了对武装掩护型毒品犯罪的依法严惩。

第三百四十八条　【非法持有毒品罪】 非法持有鸦片一千克以上、海洛因或者甲基苯丙胺五十克以上或者其他毒品数量大的，处七年以上有期徒刑或者无期徒刑，并处罚金；非法持有鸦片二百克以上不满一千克、海洛因或者甲基苯丙胺十克以上不满五十克或者其他毒品数量较大的，处三年以下有期徒刑、拘役或者管制，并处罚金；情节严重的，处三年以上七年以下有期徒刑，并处罚金。

第三百四十九条　【包庇毒品犯罪分子罪】【窝藏、转移、隐瞒毒品、毒赃罪】 包庇走私、贩卖、运输、制造毒品的犯罪分子的，为犯罪分子窝藏、转移、隐瞒毒品或者犯罪所得的财物的，处三年以下有期徒刑、拘役或者管制；情节严重的，处三年以上十年以下有期徒刑。

缉毒人员或者其他国家机关工作人员掩护、包庇走私、贩卖、运输、制造毒品的犯罪分子的，依照前款的规定从重处罚。

犯前两款罪，事先通谋的，以走私、贩卖、运输、制造毒品罪的共犯论处。

第三百五十条　【非法生产、买卖、运输制毒物品、走私制毒物品罪】违反国家规定，非法生产、买卖、运输醋酸酐、乙醚、三氯甲烷或者其他用于制造毒品的原料、配剂，或者携带上述物品进出境，情节较重的，处三年以下有期徒刑、拘役或者管制，并处罚金；情节严重的，处三年以上七年以下有期徒刑，并处罚金；情节特别严重的，处七年以上有期徒刑，并处罚金或者没收财产。

明知他人制造毒品而为其生产、买卖、运输前款规定的物品的，以制造毒品罪的共犯论处。①

单位犯前两款罪的，对单位判处罚金，并对其直接负责的主管人员和其他直接责任人员，依照前两款的规定处罚。

第三百五十一条　【非法种植毒品原植物罪】非法种植罂粟、大麻等毒品原植物的，一律强制铲除。有下列情形之一的，处五年以下有期徒刑、拘役或者管制，并处罚金：

（一）种植罂粟五百株以上不满三千株或者其他毒品原植物数量较大的；

（二）经公安机关处理后又种植的；

（三）抗拒铲除的。

非法种植罂粟三千株以上或者其他毒品原植物数量大的，处五年以上有期徒刑，并处罚金或者没收财产。

非法种植罂粟或者其他毒品原植物，在收获前自动铲除的，可以免除处罚。

第三百五十二条　【非法买卖、运输、携带、持有毒品原植物种子、幼苗罪】非法买卖、运输、携带、持有未经灭活的罂粟等毒品原植物种子或者幼苗，数量较大的，处三年以下有期徒刑、拘役

---

① 根据2015年8月29日《中华人民共和国刑法修正案（九）》修改。原第一款、第二款条文为：“违反国家规定，非法运输、携带醋酸酐、乙醚、三氯甲烷或者其他用于制造毒品的原料或者配剂进出境的，或者违反国家规定，在境内非法买卖上述物品的，处三年以下有期徒刑、拘役或者管制，并处罚金；数量大的，处三年以上十年以下有期徒刑，并处罚金。

“明知他人制造毒品而为其提供前款规定的物品的，以制造毒品罪的共犯论处。”

或者管制，并处或者单处罚金。

第三百五十三条　【引诱、教唆、欺骗他人吸毒罪】引诱、教唆、欺骗他人吸食、注射毒品的，处三年以下有期徒刑、拘役或者管制，并处罚金；情节严重的，处三年以上七年以下有期徒刑，并处罚金。

【强迫他人吸毒罪】强迫他人吸食、注射毒品的，处三年以上十年以下有期徒刑，并处罚金。

引诱、教唆、欺骗或者强迫未成年人吸食、注射毒品的，从重处罚。

第三百五十四条　【容留他人吸毒罪】容留他人吸食、注射毒品的，处三年以下有期徒刑、拘役或者管制，并处罚金。

第三百五十五条　【非法提供麻醉药品、精神药品罪】依法从事生产、运输、管理、使用国家管制的麻醉药品、精神药品的人员，违反国家规定，向吸食、注射毒品的人提供国家规定管制的能够使人形成瘾癖的麻醉药品、精神药品的，处三年以下有期徒刑或者拘役，并处罚金；情节严重的，处三年以上七年以下有期徒刑，并处罚金。向走私、贩卖毒品的犯罪分子或者以牟利为目的，向吸食、注射毒品的人提供国家规定管制的能够使人形成瘾癖的麻醉药品、精神药品的，依照本法第三百四十七条的规定定罪处罚。

单位犯前款罪的，对单位判处罚金，并对其直接负责的主管人员和其他直接责任人员，依照前款的规定处罚。

……

第三百五十六条　【毒品犯罪的再犯】因走私、贩卖、运输、制造、非法持有毒品罪被判过刑，又犯本节规定之罪的，从重处罚。

第三百五十七条　【毒品犯罪及毒品数量的计算】本法所称的毒品，是指鸦片、海洛因、甲基苯丙胺（冰毒）、吗啡、大麻、可卡因以及国家规定管制的其他能够使人形成瘾癖的麻醉药品和精神药品。

毒品的数量以查证属实的走私、贩卖、运输、制造、非法持有毒品的数量计算，不以纯度折算。

……

中华人民共和国药品管理法（节录）

（1984年9月20日第六届全国人民代表大会常务委员会第七次会议通过　2001年2月28日第九届全国人民代表大会常务委员会第二十次会议第一次修订　根据2013年12月28日第十二届全国人民代表大会常务委员会第六次会议《关于修改〈中华人民共和国海洋环境保护法〉等七部法律的决定》第一次修正　根据2015年4月24日第十二届全国人民代表大会常务委员会第十四次会议《关于修改〈中华人民共和国药品管理法〉的决定》第二次修正　2019年8月26日第十三届全国人民代表大会常务委员会第十二次会议第二次修订）

……

第五章　药品经营

第五十一条　从事药品批发活动，应当经所在地省、自治区、直辖市人民政府药品监督管理部门批准，取得药品经营许可证。从事药品零售活动，应当经所在地县级以上地方人民政府药品监督管理部门批准，取得药品经营许可证。无药品经营许可证的，不得经营药品。

药品经营许可证应当标明有效期和经营范围，到期重新审查发证。

药品监督管理部门实施药品经营许可，除依据本法第五十二条规定的条件外，还应当遵循方便群众购药的原则。

第五十二条　从事药品经营活动应当具备以下条件：

（一）有依法经过资格认定的药师或者其他药学技术人员；

（二）有与所经营药品相适应的营业场所、设备、仓储设施和卫生环境；

（三）有与所经营药品相适应的质量管理机构或者人员；

（四）有保证药品质量的规章制度，并符合国务院药品监督管理部门依据本法制定的药品经营质量管理规范要求。

第五十三条 从事药品经营活动，应当遵守药品经营质量管理规范，建立健全药品经营质量管理体系，保证药品经营全过程持续符合法定要求。

国家鼓励、引导药品零售连锁经营。从事药品零售连锁经营活动的企业总部，应当建立统一的质量管理制度，对所属零售企业的经营活动履行管理责任。

药品经营企业的法定代表人、主要负责人对本企业的药品经营活动全面负责。

第五十四条 国家对药品实行处方药与非处方药分类管理制度。具体办法由国务院药品监督管理部门会同国务院卫生健康主管部门制定。

第五十五条 药品上市许可持有人、药品生产企业、药品经营企业和医疗机构应当从药品上市许可持有人或者具有药品生产、经营资格的企业购进药品；但是，购进未实施审批管理的中药材除外。

第五十六条 药品经营企业购进药品，应当建立并执行进货检查验收制度，验明药品合格证明和其他标识；不符合规定要求的，不得购进和销售。

第五十七条 药品经营企业购销药品，应当有真实、完整的购销记录。购销记录应当注明药品的通用名称、剂型、规格、产品批号、有效期、上市许可持有人、生产企业、购销单位、购销数量、购销价格、购销日期及国务院药品监督管理部门规定的其他内容。

第五十八条 药品经营企业零售药品应当准确无误，并正确说明用法、用量和注意事项；调配处方应当经过核对，对处方所列药品不得擅自更改或者代用。对有配伍禁忌或者超剂量的处方，应当拒绝调配；必要时，经处方医师更正或者重新签字，方可调配。

药品经营企业销售中药材，应当标明产地。

依法经过资格认定的药师或者其他药学技术人员负责本企业的

药品管理、处方审核和调配、合理用药指导等工作。

第五十九条 药品经营企业应当制定和执行药品保管制度，采取必要的冷藏、防冻、防潮、防虫、防鼠等措施，保证药品质量。

药品入库和出库应当执行检查制度。

第六十条 城乡集市贸易市场可以出售中药材，国务院另有规定的除外。

第六十一条 药品上市许可持有人、药品经营企业通过网络销售药品，应当遵守本法药品经营的有关规定。具体管理办法由国务院药品监督管理部门会同国务院卫生健康主管部门等部门制定。

疫苗、血液制品、麻醉药品、精神药品、医疗用毒性药品、放射性药品、药品类易制毒化学品等国家实行特殊管理的药品不得在网络上销售。

第六十二条 药品网络交易第三方平台提供者应当按照国务院药品监督管理部门的规定，向所在地省、自治区、直辖市人民政府药品监督管理部门备案。

第三方平台提供者应当依法对申请进入平台经营的药品上市许可持有人、药品经营企业的资质等进行审核，保证其符合法定要求，并对发生在平台的药品经营行为进行管理。

第三方平台提供者发现进入平台经营的药品上市许可持有人、药品经营企业有违反本法规定行为的，应当及时制止并立即报告所在地县级人民政府药品监督管理部门；发现严重违法行为的，应当立即停止提供网络交易平台服务。

第六十三条 新发现和从境外引种的药材，经国务院药品监督管理部门批准后，方可销售。

第六十四条 药品应当从允许药品进口的口岸进口，并由进口药品的企业向口岸所在地药品监督管理部门备案。海关凭药品监督管理部门出具的进口药品通关单办理通关手续。无进口药品通关单的，海关不得放行。

口岸所在地药品监督管理部门应当通知药品检验机构按照国务院药品监督管理部门的规定对进口药品进行抽查检验。

允许药品进口的口岸由国务院药品监督管理部门会同海关总署

提出，报国务院批准。

第六十五条 医疗机构因临床急需进口少量药品的，经国务院药品监督管理部门或者国务院授权的省、自治区、直辖市人民政府批准，可以进口。进口的药品应当在指定医疗机构内用于特定医疗目的。

个人自用携带入境少量药品，按照国家有关规定办理。

第六十六条 进口、出口麻醉药品和国家规定范围内的精神药品，应当持有国务院药品监督管理部门颁发的进口准许证、出口准许证。

第六十七条 禁止进口疗效不确切、不良反应大或者因其他原因危害人体健康的药品。

第六十八条 国务院药品监督管理部门对下列药品在销售前或者进口时，应当指定药品检验机构进行检验；未经检验或者检验不合格的，不得销售或者进口：

（一）首次在中国境内销售的药品；

（二）国务院药品监督管理部门规定的生物制品；

（三）国务院规定的其他药品。

……

第十章 监督管理

第九十八条 禁止生产（包括配制，下同）、销售、使用假药、劣药。

有下列情形之一的，为假药：

（一）药品所含成份与国家药品标准规定的成份不符；

（二）以非药品冒充药品或者以他种药品冒充此种药品；

（三）变质的药品；

（四）药品所标明的适应症或者功能主治超出规定范围。

有下列情形之一的，为劣药：

（一）药品成份的含量不符合国家药品标准；

（二）被污染的药品；

（三）未标明或者更改有效期的药品；

（四）未注明或者更改产品批号的药品；

（五）超过有效期的药品；

（六）擅自添加防腐剂、辅料的药品；

（七）其他不符合药品标准的药品。

禁止未取得药品批准证明文件生产、进口药品；禁止使用未按照规定审评、审批的原料药、包装材料和容器生产药品。

第九十九条 药品监督管理部门应当依照法律、法规的规定对药品研制、生产、经营和药品使用单位使用药品等活动进行监督检查，必要时可以对为药品研制、生产、经营、使用提供产品或者服务的单位和个人进行延伸检查，有关单位和个人应当予以配合，不得拒绝和隐瞒。

药品监督管理部门应当对高风险的药品实施重点监督检查。

对有证据证明可能存在安全隐患的，药品监督管理部门根据监督检查情况，应当采取告诫、约谈、限期整改以及暂停生产、销售、使用、进口等措施，并及时公布检查处理结果。

药品监督管理部门进行监督检查时，应当出示证明文件，对监督检查中知悉的商业秘密应当保密。

第一百条 药品监督管理部门根据监督管理的需要，可以对药品质量进行抽查检验。抽查检验应当按照规定抽样，并不得收取任何费用；抽样应当购买样品。所需费用按照国务院规定列支。

对有证据证明可能危害人体健康的药品及其有关材料，药品监督管理部门可以查封、扣押，并在七日内作出行政处理决定；药品需要检验的，应当自检验报告书发出之日起十五日内作出行政处理决定。

第一百零一条 国务院和省、自治区、直辖市人民政府的药品监督管理部门应当定期公告药品质量抽查检验结果；公告不当的，应当在原公告范围内予以更正。

第一百零二条 当事人对药品检验结果有异议的，可以自收到药品检验结果之日起七日内向原药品检验机构或者上一级药品监督管理部门设置或者指定的药品检验机构申请复验，也可以直接向国务院药品监督管理部门设置或者指定的药品检验机构申请复验。受理复验的药品检验机构应当在国务院药品监督管理部门规定的时间内作出复验结论。

第一百零三条 药品监督管理部门应当对药品上市许可持有人、药品生产企业、药品经营企业和药物非临床安全性评价研究机构、药物临床试验机构等遵守药品生产质量管理规范、药品经营质量管理规范、药物非临床研究质量管理规范、药物临床试验质量管理规范等情况进行检查，监督其持续符合法定要求。

第一百零四条 国家建立职业化、专业化药品检查员队伍。检查员应当熟悉药品法律法规，具备药品专业知识。

第一百零五条 药品监督管理部门建立药品上市许可持有人、药品生产企业、药品经营企业、药物非临床安全性评价研究机构、药物临床试验机构和医疗机构药品安全信用档案，记录许可颁发、日常监督检查结果、违法行为查处等情况，依法向社会公布并及时更新；对有不良信用记录的，增加监督检查频次，并可以按照国家规定实施联合惩戒。

第一百零六条 药品监督管理部门应当公布本部门的电子邮件地址、电话，接受咨询、投诉、举报，并依法及时答复、核实、处理。对查证属实的举报，按照有关规定给予举报人奖励。

药品监督管理部门应当对举报人的信息予以保密，保护举报人的合法权益。举报人举报所在单位的，该单位不得以解除、变更劳动合同或者其他方式对举报人进行打击报复。

第一百零七条 国家实行药品安全信息统一公布制度。国家药品安全总体情况、药品安全风险警示信息、重大药品安全事件及其调查处理信息和国务院确定需要统一公布的其他信息由国务院药品监督管理部门统一公布。药品安全风险警示信息和重大药品安全事件及其调查处理信息的影响限于特定区域的，也可以由有关省、自治区、直辖市人民政府药品监督管理部门公布。未经授权不得发布上述信息。

公布药品安全信息，应当及时、准确、全面，并进行必要的说明，避免误导。

任何单位和个人不得编造、散布虚假药品安全信息。

第一百零八条 县级以上人民政府应当制定药品安全事件应急预案。药品上市许可持有人、药品生产企业、药品经营企业和医疗机构等应当制定本单位的药品安全事件处置方案，并组织开展培训和应急演练。

发生药品安全事件，县级以上人民政府应当按照应急预案立即组织开展应对工作；有关单位应当立即采取有效措施进行处置，防止危害扩大。

第一百零九条 药品监督管理部门未及时发现药品安全系统性风险，未及时消除监督管理区域内药品安全隐患的，本级人民政府或者上级人民政府药品监督管理部门应当对其主要负责人进行约谈。

地方人民政府未履行药品安全职责，未及时消除区域性重大药品安全隐患的，上级人民政府或者上级人民政府药品监督管理部门应当对其主要负责人进行约谈。

被约谈的部门和地方人民政府应当立即采取措施，对药品监督管理工作进行整改。

约谈情况和整改情况应当纳入有关部门和地方人民政府药品监督管理工作评议、考核记录。

第一百一十条 地方人民政府及其药品监督管理部门不得以要求实施药品检验、审批等手段限制或者排斥非本地区药品上市许可持有人、药品生产企业生产的药品进入本地区。

第一百一十一条 药品监督管理部门及其设置或者指定的药品专业技术机构不得参与药品生产经营活动，不得以其名义推荐或者监制、监销药品。

药品监督管理部门及其设置或者指定的药品专业技术机构的工作人员不得参与药品生产经营活动。

第一百一十二条 国务院对麻醉药品、精神药品、医疗用毒性药品、放射性药品、药品类易制毒化学品等有其他特殊管理规定的，依照其规定。

第一百一十三条 药品监督管理部门发现药品违法行为涉嫌犯罪的，应当及时将案件移送公安机关。

对依法不需要追究刑事责任或者免予刑事处罚，但应当追究行政责任的，公安机关、人民检察院、人民法院应当及时将案件移送药品监督管理部门。

公安机关、人民检察院、人民法院商请药品监督管理部门、生态环境主管部门等部门提供检验结论、认定意见以及对涉案药品进行无害化处理等协助的，有关部门应当及时提供，予以协助。

……

麻醉药品和精神药品管理条例

（2005 年 8 月 3 日中华人民共和国国务院令第 442 号公布　根据 2013 年 12 月 7 日《国务院关于修改部分行政法规的决定》第一次修订　根据 2016 年 2 月 6 日《国务院关于修改部分行政法规的决定》第二次修订）

第一章　总　　则

第一条　为加强麻醉药品和精神药品的管理，保证麻醉药品和精神药品的合法、安全、合理使用，防止流入非法渠道，根据药品管理法和其他有关法律的规定，制定本条例。

第二条　麻醉药品药用原植物的种植，麻醉药品和精神药品的实验研究、生产、经营、使用、储存、运输等活动以及监督管理，适用本条例。

麻醉药品和精神药品的进出口依照有关法律的规定办理。

第三条　本条例所称麻醉药品和精神药品，是指列入麻醉药品目录、精神药品目录（以下称目录）的药品和其他物质。精神药品分为第一类精神药品和第二类精神药品。

目录由国务院药品监督管理部门会同国务院公安部门、国务院卫生主管部门制定、调整并公布。

上市销售但尚未列入目录的药品和其他物质或者第二类精神药

品发生滥用，已经造成或者可能造成严重社会危害的，国务院药品监督管理部门会同国务院公安部门、国务院卫生主管部门应当及时将该药品和该物质列入目录或者将该第二类精神药品调整为第一类精神药品。

第四条 国家对麻醉药品药用原植物以及麻醉药品和精神药品实行管制。除本条例另有规定的外，任何单位、个人不得进行麻醉药品药用原植物的种植以及麻醉药品和精神药品的实验研究、生产、经营、使用、储存、运输等活动。

第五条 国务院药品监督管理部门负责全国麻醉药品和精神药品的监督管理工作，并会同国务院农业主管部门对麻醉药品药用原植物实施监督管理。国务院公安部门负责对造成麻醉药品药用原植物、麻醉药品和精神药品流入非法渠道的行为进行查处。国务院其他有关主管部门在各自的职责范围内负责与麻醉药品和精神药品有关的管理工作。

省、自治区、直辖市人民政府药品监督管理部门负责本行政区域内麻醉药品和精神药品的监督管理工作。县级以上地方公安机关负责对本行政区域内造成麻醉药品和精神药品流入非法渠道的行为进行查处。县级以上地方人民政府其他有关主管部门在各自的职责范围内负责与麻醉药品和精神药品有关的管理工作。

第六条 麻醉药品和精神药品生产、经营企业和使用单位可以依法参加行业协会。行业协会应当加强行业自律管理。

第二章　种植、实验研究和生产

第七条 国家根据麻醉药品和精神药品的医疗、国家储备和企业生产所需原料的需要确定需求总量，对麻醉药品药用原植物的种植、麻醉药品和精神药品的生产实行总量控制。

国务院药品监督管理部门根据麻醉药品和精神药品的需求总量制定年度生产计划。

国务院药品监督管理部门和国务院农业主管部门根据麻醉药品年度生产计划，制定麻醉药品药用原植物年度种植计划。

第八条 麻醉药品药用原植物种植企业应当根据年度种植计划，种植麻醉药品药用原植物。

麻醉药品药用原植物种植企业应当向国务院药品监督管理部门和国务院农业主管部门定期报告种植情况。

第九条 麻醉药品药用原植物种植企业由国务院药品监督管理部门和国务院农业主管部门共同确定，其他单位和个人不得种植麻醉药品药用原植物。

第十条 开展麻醉药品和精神药品实验研究活动应当具备下列条件，并经国务院药品监督管理部门批准：

（一）以医疗、科学研究或者教学为目的；

（二）有保证实验所需麻醉药品和精神药品安全的措施和管理制度；

（三）单位及其工作人员 2 年内没有违反有关禁毒的法律、行政法规规定的行为。

第十一条 麻醉药品和精神药品的实验研究单位申请相关药品批准证明文件，应当依照药品管理法的规定办理；需要转让研究成果的，应当经国务院药品监督管理部门批准。

第十二条 药品研究单位在普通药品的实验研究过程中，产生本条例规定的管制品种的，应当立即停止实验研究活动，并向国务院药品监督管理部门报告。国务院药品监督管理部门应当根据情况，及时作出是否同意其继续实验研究的决定。

第十三条 麻醉药品和第一类精神药品的临床试验，不得以健康人为受试对象。

第十四条 国家对麻醉药品和精神药品实行定点生产制度。

国务院药品监督管理部门应当根据麻醉药品和精神药品的需求总量，确定麻醉药品和精神药品定点生产企业的数量和布局，并根据年度需求总量对数量和布局进行调整、公布。

第十五条 麻醉药品和精神药品的定点生产企业应当具备下列条件：

（一）有药品生产许可证；

（二）有麻醉药品和精神药品实验研究批准文件；

（三）有符合规定的麻醉药品和精神药品生产设施、储存条件和相应的安全管理设施；

（四）有通过网络实施企业安全生产管理和向药品监督管理部门报告生产信息的能力；

（五）有保证麻醉药品和精神药品安全生产的管理制度；

（六）有与麻醉药品和精神药品安全生产要求相适应的管理水平和经营规模；

（七）麻醉药品和精神药品生产管理、质量管理部门的人员应当熟悉麻醉药品和精神药品管理以及有关禁毒的法律、行政法规；

（八）没有生产、销售假药、劣药或者违反有关禁毒的法律、行政法规规定的行为；

（九）符合国务院药品监督管理部门公布的麻醉药品和精神药品定点生产企业数量和布局的要求。

第十六条 从事麻醉药品、精神药品生产的企业，应当经所在地省、自治区、直辖市人民政府药品监督管理部门批准。

第十七条 定点生产企业生产麻醉药品和精神药品，应当依照药品管理法的规定取得药品批准文号。

国务院药品监督管理部门应当组织医学、药学、社会学、伦理学和禁毒等方面的专家成立专家组，由专家组对申请首次上市的麻醉药品和精神药品的社会危害性和被滥用的可能性进行评价，并提出是否批准的建议。

未取得药品批准文号的，不得生产麻醉药品和精神药品。

第十八条 发生重大突发事件，定点生产企业无法正常生产或者不能保证供应麻醉药品和精神药品时，国务院药品监督管理部门可以决定其他药品生产企业生产麻醉药品和精神药品。

重大突发事件结束后，国务院药品监督管理部门应当及时决定前款规定的企业停止麻醉药品和精神药品的生产。

第十九条 定点生产企业应当严格按照麻醉药品和精神药品年度生产计划安排生产，并依照规定向所在地省、自治区、直辖市人民政府药品监督管理部门报告生产情况。

第二十条 定点生产企业应当依照本条例的规定，将麻醉药品和精神药品销售给具有麻醉药品和精神药品经营资格的企业或者依照本条例规定批准的其他单位。

第二十一条 麻醉药品和精神药品的标签应当印有国务院药品监督管理部门规定的标志。

第三章 经　　营

第二十二条 国家对麻醉药品和精神药品实行定点经营制度。

国务院药品监督管理部门应当根据麻醉药品和第一类精神药品的需求总量，确定麻醉药品和第一类精神药品的定点批发企业布局，并应当根据年度需求总量对布局进行调整、公布。

药品经营企业不得经营麻醉药品原料药和第一类精神药品原料药。但是，供医疗、科学研究、教学使用的小包装的上述药品可以由国务院药品监督管理部门规定的药品批发企业经营。

第二十三条 麻醉药品和精神药品定点批发企业除应当具备药品管理法第十五条规定的药品经营企业的开办条件外，还应当具备下列条件：

（一）有符合本条例规定的麻醉药品和精神药品储存条件；

（二）有通过网络实施企业安全管理和向药品监督管理部门报告经营信息的能力；

（三）单位及其工作人员 2 年内没有违反有关禁毒的法律、行政法规规定的行为；

（四）符合国务院药品监督管理部门公布的定点批发企业布局。

麻醉药品和第一类精神药品的定点批发企业，还应当具有保证供应责任区域内医疗机构所需麻醉药品和第一类精神药品的能力，并具有保证麻醉药品和第一类精神药品安全经营的管理制度。

第二十四条 跨省、自治区、直辖市从事麻醉药品和第一类精神药品批发业务的企业（以下称全国性批发企业），应当经国务院药品监督管理部门批准；在本省、自治区、直辖市行政区域内从事麻醉药品和第一类精神药品批发业务的企业（以下称区域性批发企业），应当经所在地省、自治区、直辖市人民政府药品监督管理部门批准。

专门从事第二类精神药品批发业务的企业，应当经所在地省、自治区、直辖市人民政府药品监督管理部门批准。

全国性批发企业和区域性批发企业可以从事第二类精神药品批发业务。

第二十五条 全国性批发企业可以向区域性批发企业，或者经批准可以向取得麻醉药品和第一类精神药品使用资格的医疗机构以及依照本条例规定批准的其他单位销售麻醉药品和第一类精神药品。

全国性批发企业向取得麻醉药品和第一类精神药品使用资格的医疗机构销售麻醉药品和第一类精神药品，应当经医疗机构所在地省、自治区、直辖市人民政府药品监督管理部门批准。

国务院药品监督管理部门在批准全国性批发企业时，应当明确其所承担供药责任的区域。

第二十六条 区域性批发企业可以向本省、自治区、直辖市行政区域内取得麻醉药品和第一类精神药品使用资格的医疗机构销售麻醉药品和第一类精神药品；由于特殊地理位置的原因，需要就近向其他省、自治区、直辖市行政区域内取得麻醉药品和第一类精神药品使用资格的医疗机构销售的，应当经企业所在地省、自治区、直辖市人民政府药品监督管理部门批准。审批情况由负责审批的药品监督管理部门在批准后 5 日内通报医疗机构所在地省、自治区、直辖市人民政府药品监督管理部门。

省、自治区、直辖市人民政府药品监督管理部门在批准区域性批发企业时，应当明确其所承担供药责任的区域。

区域性批发企业之间因医疗急需、运输困难等特殊情况需要调剂麻醉药品和第一类精神药品的，应当在调剂后 2 日内将调剂情况分别报所在地省、自治区、直辖市人民政府药品监督管理部门备案。

第二十七条 全国性批发企业应当从定点生产企业购进麻醉药品和第一类精神药品。

区域性批发企业可以从全国性批发企业购进麻醉药品和第一类精神药品；经所在地省、自治区、直辖市人民政府药品监督管理部门批准，也可以从定点生产企业购进麻醉药品和第一类精神药品。

第二十八条 全国性批发企业和区域性批发企业向医疗机构销售麻醉药品和第一类精神药品，应当将药品送至医疗机构。医疗机构不得自行提货。

第二十九条 第二类精神药品定点批发企业可以向医疗机构、定点批发企业和符合本条例第三十一条规定的药品零售企业以及依照本条例规定批准的其他单位销售第二类精神药品。

第三十条 麻醉药品和第一类精神药品不得零售。

禁止使用现金进行麻醉药品和精神药品交易，但是个人合法购买麻醉药品和精神药品的除外。

第三十一条 经所在地设区的市级药品监督管理部门批准，实行统一进货、统一配送、统一管理的药品零售连锁企业可以从事第二类精神药品零售业务。

第三十二条 第二类精神药品零售企业应当凭执业医师出具的处方，按规定剂量销售第二类精神药品，并将处方保存2年备查；禁止超剂量或者无处方销售第二类精神药品；不得向未成年人销售第二类精神药品。

第三十三条 麻醉药品和精神药品实行政府定价，在制定出厂和批发价格的基础上，逐步实行全国统一零售价格。具体办法由国务院价格主管部门制定。

第四章 使 用

第三十四条 药品生产企业需要以麻醉药品和第一类精神药品为原料生产普通药品的，应当向所在地省、自治区、直辖市人民政府药品监督管理部门报送年度需求计划，由省、自治区、直辖市人民政府药品监督管理部门汇总报国务院药品监督管理部门批准后，向定点生产企业购买。

药品生产企业需要以第二类精神药品为原料生产普通药品的，应当将年度需求计划报所在地省、自治区、直辖市人民政府药品监督管理部门，并向定点批发企业或者定点生产企业购买。

第三十五条 食品、食品添加剂、化妆品、油漆等非药品生产企业需要使用咖啡因作为原料的，应当经所在地省、自治区、直辖市人民政府药品监督管理部门批准，向定点批发企业或者定点生产企业购买。

科学研究、教学单位需要使用麻醉药品和精神药品开展实验、教学活动的，应当经所在地省、自治区、直辖市人民政府药品监督管理部门批准，向定点批发企业或者定点生产企业购买。

需要使用麻醉药品和精神药品的标准品、对照品的，应当经所在地省、自治区、直辖市人民政府药品监督管理部门批准，向国务院药品监督管理部门批准的单位购买。

第三十六条 医疗机构需要使用麻醉药品和第一类精神药品的，应当经所在地设区的市级人民政府卫生主管部门批准，取得麻醉药品、第一类精神药品购用印鉴卡（以下称印鉴卡）。医疗机构应当凭印鉴卡向本省、自治区、直辖市行政区域内的定点批发企业购买麻醉药品和第一类精神药品。

设区的市级人民政府卫生主管部门发给医疗机构印鉴卡时，应当将取得印鉴卡的医疗机构情况抄送所在地设区的市级药品监督管理部门，并报省、自治区、直辖市人民政府卫生主管部门备案。省、自治区、直辖市人民政府卫生主管部门应当将取得印鉴卡的医疗机构名单向本行政区域内的定点批发企业通报。

第三十七条 医疗机构取得印鉴卡应当具备下列条件：

（一）有专职的麻醉药品和第一类精神药品管理人员；

（二）有获得麻醉药品和第一类精神药品处方资格的执业医师；

（三）有保证麻醉药品和第一类精神药品安全储存的设施和管理制度。

第三十八条 医疗机构应当按照国务院卫生主管部门的规定，对本单位执业医师进行有关麻醉药品和精神药品使用知识的培训、考核，经考核合格的，授予麻醉药品和第一类精神药品处方资格。执业医师取得麻醉药品和第一类精神药品的处方资格后，方可在本医疗机构开具麻醉药品和第一类精神药品处方，但不得为自己开具该种处方。

医疗机构应当将具有麻醉药品和第一类精神药品处方资格的执业医师名单及其变更情况，定期报送所在地设区的市级人民政府卫生主管部门，并抄送同级药品监督管理部门。

医务人员应当根据国务院卫生主管部门制定的临床应用指导原则，使用麻醉药品和精神药品。

第三十九条 具有麻醉药品和第一类精神药品处方资格的执业医师，根据临床应用指导原则，对确需使用麻醉药品或者第一类精神药品的患者，应当满足其合理用药需求。在医疗机构就诊的癌症疼痛患者和其他危重患者得不到麻醉药品或者第一类精神药品时，患者或者其亲属可以向执业医师提出申请。具有麻醉药品和第一类精神药品处方资格的执业医师认为要求合理的，应当及时为患者提供所需麻醉药品或者第一类精神药品。

第四十条 执业医师应当使用专用处方开具麻醉药品和精神药品，单张处方的最大用量应当符合国务院卫生主管部门的规定。

对麻醉药品和第一类精神药品处方，处方的调配人、核对人应当仔细核对，签署姓名，并予以登记；对不符合本条例规定的，处方的调配人、核对人应当拒绝发药。

麻醉药品和精神药品专用处方的格式由国务院卫生主管部门规定。

第四十一条 医疗机构应当对麻醉药品和精神药品处方进行专册登记，加强管理。麻醉药品处方至少保存3年，精神药品处方至少保存2年。

第四十二条 医疗机构抢救病人急需麻醉药品和第一类精神药品而本医疗机构无法提供时，可以从其他医疗机构或者定点批发企业紧急借用；抢救工作结束后，应当及时将借用情况报所在地设区的市级药品监督管理部门和卫生主管部门备案。

第四十三条 对临床需要而市场无供应的麻醉药品和精神药品，持有医疗机构制剂许可证和印鉴卡的医疗机构需要配制制剂的，应当经所在地省、自治区、直辖市人民政府药品监督管理部门批准。医疗机构配制的麻醉药品和精神药品制剂只能在本医疗机构使用，不得对外销售。

第四十四条 因治疗疾病需要，个人凭医疗机构出具的医疗诊断书、本人身份证明，可以携带单张处方最大用量以内的麻醉药品和第一类精神药品；携带麻醉药品和第一类精神药品出入境的，由海关根据自用、合理的原则放行。

医务人员为了医疗需要携带少量麻醉药品和精神药品出入境的，应当持有省级以上人民政府药品监督管理部门发放的携带麻醉药品和精神药品证明。海关凭携带麻醉药品和精神药品证明放行。

第四十五条 医疗机构、戒毒机构以开展戒毒治疗为目的，可以使用美沙酮或者国家确定的其他用于戒毒治疗的麻醉药品和精神药品。具体管理办法由国务院药品监督管理部门、国务院公安部门和国务院卫生主管部门制定。

第五章 储 存

第四十六条 麻醉药品药用原植物种植企业、定点生产企业、全国性批发企业和区域性批发企业以及国家设立的麻醉药品储存单位，应当设置储存麻醉药品和第一类精神药品的专库。该专库应当符合下列要求：

（一）安装专用防盗门，实行双人双锁管理；

（二）具有相应的防火设施；

（三）具有监控设施和报警装置，报警装置应当与公安机关报警系统联网。

全国性批发企业经国务院药品监督管理部门批准设立的药品储存点应当符合前款的规定。

麻醉药品定点生产企业应当将麻醉药品原料药和制剂分别存放。

第四十七条 麻醉药品和第一类精神药品的使用单位应当设立专库或者专柜储存麻醉药品和第一类精神药品。专库应当设有防盗设施并安装报警装置；专柜应当使用保险柜。专库和专柜应当实行双人双锁管理。

第四十八条 麻醉药品药用原植物种植企业、定点生产企业、全国性批发企业和区域性批发企业、国家设立的麻醉药品储存单位以及麻醉药品和第一类精神药品的使用单位，应当配备专人负责管理工作，并建立储存麻醉药品和第一类精神药品的专用账册。药品入库双人验收，出库双人复核，做到账物相符。专用账册的保存期限应当自药品有效期期满之日起不少于 5 年。

第四十九条 第二类精神药品经营企业应当在药品库房中设立独立的专库或者专柜储存第二类精神药品，并建立专用账册，实行专人管理。专用账册的保存期限应当自药品有效期期满之日起不少于 5 年。

第六章 运 输

第五十条 托运、承运和自行运输麻醉药品和精神药品的，应当采取安全保障措施，防止麻醉药品和精神药品在运输过程中被盗、被抢、丢失。

第五十一条 通过铁路运输麻醉药品和第一类精神药品的，应当使用集装箱或者铁路行李车运输，具体办法由国务院药品监督管理部门会同国务院铁路主管部门制定。

没有铁路需要通过公路或者水路运输麻醉药品和第一类精神药品的，应当由专人负责押运。

第五十二条 托运或者自行运输麻醉药品和第一类精神药品的单位，应当向所在地设区的市级药品监督管理部门申请领取运输证明。运输证明有效期为 1 年。

运输证明应当由专人保管，不得涂改、转让、转借。

第五十三条 托运人办理麻醉药品和第一类精神药品运输手续，应当将运输证明副本交付承运人。承运人应当查验、收存运输证明副本，并检查货物包装。没有运输证明或者货物包装不符合规定的，承运人不得承运。

承运人在运输过程中应当携带运输证明副本，以备查验。

第五十四条 邮寄麻醉药品和精神药品，寄件人应当提交所在地设区的市级药品监督管理部门出具的准予邮寄证明。邮政营业机构应当查验、收存准予邮寄证明；没有准予邮寄证明的，邮政营业机构不得收寄。

省、自治区、直辖市邮政主管部门指定符合安全保障条件的邮政营业机构负责收寄麻醉药品和精神药品。邮政营业机构收寄麻醉药品和精神药品，应当依法对收寄的麻醉药品和精神药品予以查验。

邮寄麻醉药品和精神药品的具体管理办法，由国务院药品监督管理部门会同国务院邮政主管部门制定。

第五十五条 定点生产企业、全国性批发企业和区域性批发企业之间运输麻醉药品、第一类精神药品，发货人在发货前应当向所在地省、自治区、直辖市人民政府药品监督管理部门报送本次运输的相关信息。属于跨省、自治区、直辖市运输的，收到信息的药品监督管理部门应当向收货人所在地的同级药品监督管理部门通报；属于在本省、自治区、直辖市行政区域内运输的，收到信息的药品监督管理部门应当向收货人所在地设区的市级药品监督管理部门通报。

第七章 审批程序和监督管理

第五十六条 申请人提出本条例规定的审批事项申请，应当提交能够证明其符合本条例规定条件的相关资料。审批部门应当自收到申请之日起40日内作出是否批准的决定；作出批准决定的，发给许可证明文件或者在相关许可证明文件上加注许可事项；作出不予批准决定的，应当书面说明理由。

确定定点生产企业和定点批发企业，审批部门应当在经审查符合条件的企业中，根据布局的要求，通过公平竞争的方式初步确定定点生产企业和定点批发企业，并予公布。其他符合条件的企业可以自公布之日起10日内向审批部门提出异议。审批部门应当自收到异议之日起20日内对异议进行审查，并作出是否调整的决定。

第五十七条 药品监督管理部门应当根据规定的职责权限，对麻醉药品药用原植物的种植以及麻醉药品和精神药品的实验研究、生产、经营、使用、储存、运输活动进行监督检查。

第五十八条 省级以上人民政府药品监督管理部门根据实际情况建立监控信息网络，对定点生产企业、定点批发企业和使用单位的麻醉药品和精神药品生产、进货、销售、库存、使用的数量以及流向实行实时监控，并与同级公安机关做到信息共享。

第五十九条 尚未连接监控信息网络的麻醉药品和精神药品定点生产企业、定点批发企业和使用单位，应当每月通过电子信息、传真、书面等方式，将本单位麻醉药品和精神药品生产、进货、销售、库存、使用的数量以及流向，报所在地设区的市级药品监督管理部门和公安机关；医疗机构还应当报所在地设区的市级人民政府卫生主管部门。

设区的市级药品监督管理部门应当每 3 个月向上一级药品监督管理部门报告本地区麻醉药品和精神药品的相关情况。

第六十条 对已经发生滥用，造成严重社会危害的麻醉药品和精神药品品种，国务院药品监督管理部门应当采取在一定期限内中止生产、经营、使用或者限定其使用范围和用途等措施。对不再作为药品使用的麻醉药品和精神药品，国务院药品监督管理部门应当撤销其药品批准文号和药品标准，并予以公布。

药品监督管理部门、卫生主管部门发现生产、经营企业和使用单位的麻醉药品和精神药品管理存在安全隐患时，应当责令其立即排除或者限期排除；对有证据证明可能流入非法渠道的，应当及时采取查封、扣押的行政强制措施，在 7 日内作出行政处理决定，并通报同级公安机关。

药品监督管理部门发现取得印鉴卡的医疗机构未依照规定购买麻醉药品和第一类精神药品时，应当及时通报同级卫生主管部门。接到通报的卫生主管部门应当立即调查处理。必要时，药品监督管理部门可以责令定点批发企业中止向该医疗机构销售麻醉药品和第一类精神药品。

第六十一条 麻醉药品和精神药品的生产、经营企业和使用单位对过期、损坏的麻醉药品和精神药品应当登记造册，并向所在地县级药品监督管理部门申请销毁。药品监督管理部门应当自接到申请之日起 5 日内到场监督销毁。医疗机构对存放在本单位的过期、损坏麻醉药品和精神药品，应当按照本条规定的程序向卫生主管部门提出申请，由卫生主管部门负责监督销毁。

对依法收缴的麻醉药品和精神药品，除经国务院药品监督管理部门或者国务院公安部门批准用于科学研究外，应当依照国家有关规定予以销毁。

第六十二条 县级以上人民政府卫生主管部门应当对执业医师开具麻醉药品和精神药品处方的情况进行监督检查。

第六十三条 药品监督管理部门、卫生主管部门和公安机关应当互相通报麻醉药品和精神药品生产、经营企业和使用单位的名单以及其他管理信息。

各级药品监督管理部门应当将在麻醉药品药用原植物的种植以及麻醉药品和精神药品的实验研究、生产、经营、使用、储存、运输等各环节的管理中的审批、撤销等事项通报同级公安机关。

麻醉药品和精神药品的经营企业、使用单位报送各级药品监督管理部门的备案事项，应当同时报送同级公安机关。

第六十四条 发生麻醉药品和精神药品被盗、被抢、丢失或者其他流入非法渠道的情形的，案发单位应当立即采取必要的控制措施，同时报告所在地县级公安机关和药品监督管理部门。医疗机构发生上述情形的，还应当报告其主管部门。

公安机关接到报告、举报，或者有证据证明麻醉药品和精神药品可能流入非法渠道时，应当及时开展调查，并可以对相关单位采取必要的控制措施。

药品监督管理部门、卫生主管部门以及其他有关部门应当配合公安机关开展工作。

第八章 法律责任

第六十五条 药品监督管理部门、卫生主管部门违反本条例的规定，有下列情形之一的，由其上级行政机关或者监察机关责令改正；情节严重的，对直接负责的主管人员和其他直接责任人员依法给予行政处分；构成犯罪的，依法追究刑事责任：

（一）对不符合条件的申请人准予行政许可或者超越法定职权作出准予行政许可决定的；

（二）未到场监督销毁过期、损坏的麻醉药品和精神药品的；

（三）未依法履行监督检查职责，应当发现而未发现违法行为、发现违法行为不及时查处，或者未依照本条例规定的程序实施监督检查的；

（四）违反本条例规定的其他失职、渎职行为。

第六十六条 麻醉药品药用原植物种植企业违反本条例的规定，有下列情形之一的，由药品监督管理部门责令限期改正，给予警告；逾期不改正的，处5万元以上10万元以下的罚款；情节严重的，取消其种植资格：

（一）未依照麻醉药品药用原植物年度种植计划进行种植的；

（二）未依照规定报告种植情况的；

（三）未依照规定储存麻醉药品的。

第六十七条 定点生产企业违反本条例的规定，有下列情形之一的，由药品监督管理部门责令限期改正，给予警告，并没收违法所得和违法销售的药品；逾期不改正的，责令停产，并处5万元以上10万元以下的罚款；情节严重的，取消其定点生产资格：

（一）未按照麻醉药品和精神药品年度生产计划安排生产的；

（二）未依照规定向药品监督管理部门报告生产情况的；

（三）未依照规定储存麻醉药品和精神药品，或者未依照规定建立、保存专用账册的；

（四）未依照规定销售麻醉药品和精神药品的；

（五）未依照规定销毁麻醉药品和精神药品的。

第六十八条 定点批发企业违反本条例的规定销售麻醉药品和精神药品，或者违反本条例的规定经营麻醉药品原料药和第一类精神药品原料药的，由药品监督管理部门责令限期改正，给予警告，并没收违法所得和违法销售的药品；逾期不改正的，责令停业，并处违法销售药品货值金额2倍以上5倍以下的罚款；情节严重的，取消其定点批发资格。

第六十九条 定点批发企业违反本条例的规定，有下列情形之一的，由药品监督管理部门责令限期改正，给予警告；逾期不改正的，责令停业，并处2万元以上5万元以下的罚款；情节严重的，取消其定点批发资格：

（一）未依照规定购进麻醉药品和第一类精神药品的；

（二）未保证供药责任区域内的麻醉药品和第一类精神药品的供应的；

（三）未对医疗机构履行送货义务的；

（四）未依照规定报告麻醉药品和精神药品的进货、销售、库存数量以及流向的；

（五）未依照规定储存麻醉药品和精神药品，或者未依照规定建立、保存专用账册的；

（六）未依照规定销毁麻醉药品和精神药品的；

（七）区域性批发企业之间违反本条例的规定调剂麻醉药品和第一类精神药品，或者因特殊情况调剂麻醉药品和第一类精神药品后未依照规定备案的。

第七十条 第二类精神药品零售企业违反本条例的规定储存、销售或者销毁第二类精神药品的，由药品监督管理部门责令限期改正，给予警告，并没收违法所得和违法销售的药品；逾期不改正的，责令停业，并处5000元以上2万元以下的罚款；情节严重的，取消其第二类精神药品零售资格。

第七十一条 本条例第三十四条、第三十五条规定的单位违反本条例的规定，购买麻醉药品和精神药品的，由药品监督管理部门没收违法购买的麻醉药品和精神药品，责令限期改正，给予警告；逾期不改正的，责令停产或者停止相关活动，并处2万元以上5万元以下的罚款。

第七十二条 取得印鉴卡的医疗机构违反本条例的规定，有下列情形之一的，由设区的市级人民政府卫生主管部门责令限期改正，给予警告；逾期不改正的，处5000元以上1万元以下的罚款；情节严重的，吊销其印鉴卡；对直接负责的主管人员和其他直接责任人员，依法给予降级、撤职、开除的处分：

（一）未依照规定购买、储存麻醉药品和第一类精神药品的；

（二）未依照规定保存麻醉药品和精神药品专用处方，或者未依照规定进行处方专册登记的；

（三）未依照规定报告麻醉药品和精神药品的进货、库存、使用数量的；

（四）紧急借用麻醉药品和第一类精神药品后未备案的；

（五）未依照规定销毁麻醉药品和精神药品的。

第七十三条 具有麻醉药品和第一类精神药品处方资格的执业医师，违反本条例的规定开具麻醉药品和第一类精神药品处方，或者未按照临床应用指导原则的要求使用麻醉药品和第一类精神药品的，由其所在医疗机构取消其麻醉药品和第一类精神药品处方资格；造成严重后果的，由原发证部门吊销其执业证书。执业医师未按照临床应用指导原则的要求使用第二类精神药品或者未使用专用处方开具第二类精神药品，造成严重后果的，由原发证部门吊销其执业证书。

未取得麻醉药品和第一类精神药品处方资格的执业医师擅自开具麻醉药品和第一类精神药品处方，由县级以上人民政府卫生主管部门给予警告，暂停其执业活动；造成严重后果的，吊销其执业证书；构成犯罪的，依法追究刑事责任。

处方的调配人、核对人违反本条例的规定未对麻醉药品和第一类精神药品处方进行核对，造成严重后果的，由原发证部门吊销其执业证书。

第七十四条 违反本条例的规定运输麻醉药品和精神药品的，由药品监督管理部门和运输管理部门依照各自职责，责令改正，给予警告，处 2 万元以上 5 万元以下的罚款。

收寄麻醉药品、精神药品的邮政营业机构未依照本条例的规定办理邮寄手续的，由邮政主管部门责令改正，给予警告；造成麻醉药品、精神药品邮件丢失的，依照邮政法律、行政法规的规定处理。

第七十五条 提供虚假材料、隐瞒有关情况，或者采取其他欺骗手段取得麻醉药品和精神药品的实验研究、生产、经营、使用资格的，由原审批部门撤销其已取得的资格，5 年内不得提出有关麻醉药品和精神药品的申请；情节严重的，处 1 万元以上 3 万元以下的罚款，有药品生产许可证、药品经营许可证、医疗机构执业许可证的，依法吊销其许可证明文件。

第七十六条 药品研究单位在普通药品的实验研究和研制过程中，产生本条例规定管制的麻醉药品和精神药品，未依照本条例的规定报告的，由药品监督管理部门责令改正，给予警告，没收违法药品；拒不改正的，责令停止实验研究和研制活动。

第七十七条 药物临床试验机构以健康人为麻醉药品和第一类精神药品临床试验的受试对象的，由药品监督管理部门责令停止违法行为，给予警告；情节严重的，取消其药物临床试验机构的资格；构成犯罪的，依法追究刑事责任。对受试对象造成损害的，药物临床试验机构依法承担治疗和赔偿责任。

第七十八条 定点生产企业、定点批发企业和第二类精神药品零售企业生产、销售假劣麻醉药品和精神药品的，由药品监督管理部门取消其定点生产资格、定点批发资格或者第二类精神药品零售资格，并依照药品管理法的有关规定予以处罚。

第七十九条 定点生产企业、定点批发企业和其他单位使用现金进行麻醉药品和精神药品交易的，由药品监督管理部门责令改正，给予警告，没收违法交易的药品，并处5万元以上10万元以下的罚款。

第八十条 发生麻醉药品和精神药品被盗、被抢、丢失案件的单位，违反本条例的规定未采取必要的控制措施或者未依照本条例的规定报告的，由药品监督管理部门和卫生主管部门依照各自职责，责令改正，给予警告；情节严重的，处5000元以上1万元以下的罚款；有上级主管部门的，由其上级主管部门对直接负责的主管人员和其他直接责任人员，依法给予降级、撤职的处分。

第八十一条 依法取得麻醉药品药用原植物种植或者麻醉药品和精神药品实验研究、生产、经营、使用、运输等资格的单位，倒卖、转让、出租、出借、涂改其麻醉药品和精神药品许可证明文件的，由原审批部门吊销相应许可证明文件，没收违法所得；情节严重的，处违法所得2倍以上5倍以下的罚款；没有违法所得的，处2万元以上5万元以下的罚款；构成犯罪的，依法追究刑事责任。

第八十二条 违反本条例的规定，致使麻醉药品和精神药品流入非法渠道造成危害，构成犯罪的，依法追究刑事责任；尚不构成犯罪的，由县级以上公安机关处5万元以上10万元以下的罚款；有违法所得的，没收违法所得；情节严重的，处违法所得2倍以上5

倍以下的罚款；由原发证部门吊销其药品生产、经营和使用许可证明文件。

药品监督管理部门、卫生主管部门在监督管理工作中发现前款规定情形的，应当立即通报所在地同级公安机关，并依照国家有关规定，将案件以及相关材料移送公安机关。

第八十三条 本章规定由药品监督管理部门作出的行政处罚，由县级以上药品监督管理部门按照国务院药品监督管理部门规定的职责分工决定。

第九章 附 则

第八十四条 本条例所称实验研究是指以医疗、科学研究或者教学为目的的临床前药物研究。

经批准可以开展与计划生育有关的临床医疗服务的计划生育技术服务机构需要使用麻醉药品和精神药品的，依照本条例有关医疗机构使用麻醉药品和精神药品的规定执行。

第八十五条 麻醉药品目录中的罂粟壳只能用于中药饮片和中成药的生产以及医疗配方使用。具体管理办法由国务院药品监督管理部门另行制定。

第八十六条 生产含麻醉药品的复方制剂，需要购进、储存、使用麻醉药品原料药的，应当遵守本条例有关麻醉药品管理的规定。

第八十七条 军队医疗机构麻醉药品和精神药品的供应、使用，由国务院药品监督管理部门会同中国人民解放军总后勤部依据本条例制定具体管理办法。

第八十八条 对动物用麻醉药品和精神药品的管理，由国务院兽医主管部门会同国务院药品监督管理部门依据本条例制定具体管理办法。

第八十九条 本条例自2005年11月1日起施行。1987年11月28日国务院发布的《麻醉药品管理办法》和1988年12月27日国务院发布的《精神药品管理办法》同时废止。

娱乐场所管理条例

（2006年1月29日中华人民共和国国务院令第458号公布　根据2016年2月6日《国务院关于修改部分行政法规的决定》第一次修订　根据2020年11月29日《国务院关于修改和废止部分行政法规的决定》第二次修订）

第一章　总　　则

第一条　为了加强对娱乐场所的管理，保障娱乐场所的健康发展，制定本条例。

第二条　本条例所称娱乐场所，是指以营利为目的，并向公众开放、消费者自娱自乐的歌舞、游艺等场所。

第三条　县级以上人民政府文化主管部门负责对娱乐场所日常经营活动的监督管理；县级以上公安部门负责对娱乐场所消防、治安状况的监督管理。

第四条　国家机关及其工作人员不得开办娱乐场所，不得参与或者变相参与娱乐场所的经营活动。

与文化主管部门、公安部门的工作人员有夫妻关系、直系血亲关系、三代以内旁系血亲关系以及近姻亲关系的亲属，不得开办娱乐场所，不得参与或者变相参与娱乐场所的经营活动。

第二章　设　　立

第五条　有下列情形之一的人员，不得开办娱乐场所或者在娱乐场所内从业：

（一）曾犯有组织、强迫、引诱、容留、介绍卖淫罪，制作、贩卖、传播淫秽物品罪，走私、贩卖、运输、制造毒品罪，强奸罪，强制猥亵、侮辱妇女罪，赌博罪，洗钱罪，组织、领导、参加黑社会性质组织罪的；

（二）因犯罪曾被剥夺政治权利的；

（三）因吸食、注射毒品曾被强制戒毒的；

（四）因卖淫、嫖娼曾被处以行政拘留的。

第六条 外国投资者可以依法在中国境内设立娱乐场所。

第七条 娱乐场所不得设在下列地点：

（一）居民楼、博物馆、图书馆和被核定为文物保护单位的建筑物内；

（二）居民住宅区和学校、医院、机关周围；

（三）车站、机场等人群密集的场所；

（四）建筑物地下一层以下；

（五）与危险化学品仓库毗连的区域。

娱乐场所的边界噪声，应当符合国家规定的环境噪声标准。

第八条 娱乐场所的使用面积，不得低于国务院文化主管部门规定的最低标准；设立含有电子游戏机的游艺娱乐场所，应当符合国务院文化主管部门关于总量和布局的要求。

第九条 娱乐场所申请从事娱乐场所经营活动，应当向所在地县级人民政府文化主管部门提出申请；外商投资的娱乐场所申请从事娱乐场所经营活动，应当向所在地省、自治区、直辖市人民政府文化主管部门提出申请。

娱乐场所申请从事娱乐场所经营活动，应当提交投资人员、拟任的法定代表人和其他负责人没有本条例第五条规定情形的书面声明。申请人应当对书面声明内容的真实性负责。

受理申请的文化主管部门应当就书面声明向公安部门或者其他有关单位核查，公安部门或者其他有关单位应当予以配合；经核查属实的，文化主管部门应当依据本条例第七条、第八条的规定进行实地检查，作出决定。予以批准的，颁发娱乐经营许可证，并根据国务院文化主管部门的规定核定娱乐场所容纳的消费者数量；不予批准的，应当书面通知申请人并说明理由。

有关法律、行政法规规定需要办理消防、卫生、环境保护等审批手续的，从其规定。

第十条 文化主管部门审批娱乐场所应当举行听证。有关听证的程序，依照《中华人民共和国行政许可法》的规定执行。

第十一条 娱乐场所依法取得营业执照和相关批准文件、许可证后，应当在15日内向所在地县级公安部门备案。

第十二条 娱乐场所改建、扩建营业场所或者变更场地、主要设施设备、投资人员，或者变更娱乐经营许可证载明的事项的，应当向原发证机关申请重新核发娱乐经营许可证，并向公安部门备案；需要办理变更登记的，应当依法向工商行政管理部门办理变更登记。

第三章 经 营

第十三条 国家倡导弘扬民族优秀文化，禁止娱乐场所内的娱乐活动含有下列内容：

（一）违反宪法确定的基本原则的；

（二）危害国家统一、主权或者领土完整的；

（三）危害国家安全，或者损害国家荣誉、利益的；

（四）煽动民族仇恨、民族歧视，伤害民族感情或者侵害民族风俗、习惯，破坏民族团结的；

（五）违反国家宗教政策，宣扬邪教、迷信的；

（六）宣扬淫秽、赌博、暴力以及与毒品有关的违法犯罪活动，或者教唆犯罪的；

（七）违背社会公德或者民族优秀文化传统的；

（八）侮辱、诽谤他人，侵害他人合法权益的；

（九）法律、行政法规禁止的其他内容。

第十四条 娱乐场所及其从业人员不得实施下列行为，不得为进入娱乐场所的人员实施下列行为提供条件：

（一）贩卖、提供毒品，或者组织、强迫、教唆、引诱、欺骗、容留他人吸食、注射毒品；

（二）组织、强迫、引诱、容留、介绍他人卖淫、嫖娼；

（三）制作、贩卖、传播淫秽物品；

（四）提供或者从事以营利为目的的陪侍；

（五）赌博；

（六）从事邪教、迷信活动；

（七）其他违法犯罪行为。

娱乐场所的从业人员不得吸食、注射毒品，不得卖淫、嫖娼；娱乐场所及其从业人员不得为进入娱乐场所的人员实施上述行为提供条件。

第十五条 歌舞娱乐场所应当按照国务院公安部门的规定在营业场所的出入口、主要通道安装闭路电视监控设备，并应当保证闭路电视监控设备在营业期间正常运行，不得中断。

歌舞娱乐场所应当将闭路电视监控录像资料留存30日备查，不得删改或者挪作他用。

第十六条 歌舞娱乐场所的包厢、包间内不得设置隔断，并应当安装展现室内整体环境的透明门窗。包厢、包间的门不得有内锁装置。

第十七条 营业期间，歌舞娱乐场所内亮度不得低于国家规定的标准。

第十八条 娱乐场所使用的音像制品或者电子游戏应当是依法出版、生产或者进口的产品。

歌舞娱乐场所播放的曲目和屏幕画面以及游艺娱乐场所的电子游戏机内的游戏项目，不得含有本条例第十三条禁止的内容；歌舞娱乐场所使用的歌曲点播系统不得与境外的曲库联接。

第十九条 游艺娱乐场所不得设置具有赌博功能的电子游戏机机型、机种、电路板等游戏设施设备，不得以现金或者有价证券作为奖品，不得回购奖品。

第二十条 娱乐场所的法定代表人或者主要负责人应当对娱乐场所的消防安全和其他安全负责。

娱乐场所应当确保其建筑、设施符合国家安全标准和消防技术规范，定期检查消防设施状况，并及时维护、更新。

娱乐场所应当制定安全工作方案和应急疏散预案。

第二十一条 营业期间，娱乐场所应当保证疏散通道和安全出口畅通，不得封堵、锁闭疏散通道和安全出口，不得在疏散通道和安全出口设置栅栏等影响疏散的障碍物。

娱乐场所应当在疏散通道和安全出口设置明显指示标志，不得遮挡、覆盖指示标志。

第二十二条 任何人不得非法携带枪支、弹药、管制器具或者携带爆炸性、易燃性、毒害性、放射性、腐蚀性等危险物品和传染病病原体进入娱乐场所。

迪斯科舞厅应当配备安全检查设备，对进入营业场所的人员进行安全检查。

第二十三条 歌舞娱乐场所不得接纳未成年人。除国家法定节假日外，游艺娱乐场所设置的电子游戏机不得向未成年人提供。

第二十四条 娱乐场所不得招用未成年人；招用外国人的，应当按照国家有关规定为其办理外国人就业许可证。

第二十五条 娱乐场所应当与从业人员签订文明服务责任书，并建立从业人员名簿；从业人员名簿应当包括从业人员的真实姓名、居民身份证复印件、外国人就业许可证复印件等内容。

娱乐场所应当建立营业日志，记载营业期间从业人员的工作职责、工作时间、工作地点；营业日志不得删改，并应当留存60日备查。

第二十六条 娱乐场所应当与保安服务企业签订保安服务合同，配备专业保安人员；不得聘用其他人员从事保安工作。

第二十七条 营业期间，娱乐场所的从业人员应当统一着工作服，佩带工作标志并携带居民身份证或者外国人就业许可证。

从业人员应当遵守职业道德和卫生规范，诚实守信，礼貌待人，不得侵害消费者的人身和财产权利。

第二十八条 每日凌晨2时至上午8时，娱乐场所不得营业。

第二十九条 娱乐场所提供娱乐服务项目和出售商品，应当明码标价，并向消费者出示价目表；不得强迫、欺骗消费者接受服务、购买商品。

第三十条 娱乐场所应当在营业场所的大厅、包厢、包间内的显著位置悬挂含有禁毒、禁赌、禁止卖淫嫖娼等内容的警示标志、未成年人禁入或者限入标志。标志应当注明公安部门、文化主管部门的举报电话。

第三十一条 娱乐场所应当建立巡查制度，发现娱乐场所内有违法犯罪活动的，应当立即向所在地县级公安部门、县级人民政府文化主管部门报告。

第四章 监督管理

第三十二条 文化主管部门、公安部门和其他有关部门的工作人员依法履行监督检查职责时，有权进入娱乐场所。娱乐场所应当予以配合，不得拒绝、阻挠。

文化主管部门、公安部门和其他有关部门的工作人员依法履行监督检查职责时，需要查阅闭路电视监控录像资料、从业人员名簿、营业日志等资料的，娱乐场所应当及时提供。

第三十三条 文化主管部门、公安部门和其他有关部门应当记录监督检查的情况和处理结果。监督检查记录由监督检查人员签字归档。公众有权查阅监督检查记录。

第三十四条 文化主管部门、公安部门和其他有关部门应当建立娱乐场所违法行为警示记录系统；对列入警示记录的娱乐场所，应当及时向社会公布，并加大监督检查力度。

第三十五条 文化主管部门应当建立娱乐场所的经营活动信用监管制度，建立健全信用约束机制，并及时公布行政处罚信息。

第三十六条 文化主管部门、公安部门和其他有关部门应当建立相互间的信息通报制度，及时通报监督检查情况和处理结果。

第三十七条 任何单位或者个人发现娱乐场所内有违反本条例行为的，有权向文化主管部门、公安部门等有关部门举报。

文化主管部门、公安部门等有关部门接到举报，应当记录，并及时依法调查、处理；对不属于本部门职责范围的，应当及时移送有关部门。

第三十八条 上级人民政府文化主管部门、公安部门在必要时，可以依照本条例的规定调查、处理由下级人民政府文化主管部门、公安部门调查、处理的案件。

下级人民政府文化主管部门、公安部门认为案件重大、复杂的，可以请求移送上级人民政府文化主管部门、公安部门调查、处理。

第三十九条 文化主管部门、公安部门和其他有关部门及其工作人员违反本条例规定的，任何单位或者个人可以向依法有权处理的本级或者上一级机关举报。接到举报的机关应当依法及时调查、处理。

第四十条 娱乐场所行业协会应当依照章程的规定，制定行业自律规范，加强对会员经营活动的指导、监督。

第五章 法律责任

第四十一条 违反本条例规定，擅自从事娱乐场所经营活动的，由文化主管部门依法予以取缔；公安部门在查处治安、刑事案件时，发现擅自从事娱乐场所经营活动的，应当依法予以取缔。

第四十二条 违反本条例规定，以欺骗等不正当手段取得娱乐经营许可证的，由原发证机关撤销娱乐经营许可证。

第四十三条 娱乐场所实施本条例第十四条禁止行为的，由县级公安部门没收违法所得和非法财物，责令停业整顿3个月至6个月；情节严重的，由原发证机关吊销娱乐经营许可证，对直接负责的主管人员和其他直接责任人员处1万元以上2万元以下的罚款。

第四十四条 娱乐场所违反本条例规定，有下列情形之一的，由县级公安部门责令改正，给予警告；情节严重的，责令停业整顿1个月至3个月：

（一）照明设施、包厢、包间的设置以及门窗的使用不符合本条例规定的；

（二）未按照本条例规定安装闭路电视监控设备或者中断使用的；

（三）未按照本条例规定留存监控录像资料或者删改监控录像资料的；

（四）未按照本条例规定配备安全检查设备或者未对进入营业场所的人员进行安全检查的；

（五）未按照本条例规定配备保安人员的。

第四十五条 娱乐场所违反本条例规定，有下列情形之一的，由县级公安部门没收违法所得和非法财物，并处违法所得2倍以上5倍以下的罚款；没有违法所得或者违法所得不足1万元的，并处2万元以上5万元以下的罚款；情节严重的，责令停业整顿1个月至3个月：

（一）设置具有赌博功能的电子游戏机机型、机种、电路板等游戏设施设备的；

（二）以现金、有价证券作为奖品，或者回购奖品的。

第四十六条 娱乐场所指使、纵容从业人员侵害消费者人身权利的，应当依法承担民事责任，并由县级公安部门责令停业整顿1个月至3个月；造成严重后果的，由原发证机关吊销娱乐经营许可证。

第四十七条 娱乐场所取得营业执照后，未按照本条例规定向公安部门备案的，由县级公安部门责令改正，给予警告。

第四十八条 违反本条例规定，有下列情形之一的，由县级人民政府文化主管部门没收违法所得和非法财物，并处违法所得1倍以上3倍以下的罚款；没有违法所得或者违法所得不足1万元的，并处1万元以上3万元以下的罚款；情节严重的，责令停业整顿1个月至6个月：

（一）歌舞娱乐场所的歌曲点播系统与境外的曲库联接的；

（二）歌舞娱乐场所播放的曲目、屏幕画面或者游艺娱乐场所电子游戏机内的游戏项目含有本条例第十三条禁止内容的；

（三）歌舞娱乐场所接纳未成年人的；

（四）游艺娱乐场所设置的电子游戏机在国家法定节假日外向未成年人提供的；

（五）娱乐场所容纳的消费者超过核定人数的。

第四十九条 娱乐场所违反本条例规定，有下列情形之一的，由县级人民政府文化主管部门责令改正，给予警告；情节严重的，责令停业整顿1个月至3个月：

（一）变更有关事项，未按照本条例规定申请重新核发娱乐经营许可证的；

（二）在本条例规定的禁止营业时间内营业的；

（三）从业人员在营业期间未统一着装并佩带工作标志的。

第五十条 娱乐场所未按照本条例规定建立从业人员名簿、营业日志，或者发现违法犯罪行为未按照本条例规定报告的，由县级人民政府文化主管部门、县级公安部门依据法定职权责令改正，给予警告；情节严重的，责令停业整顿1个月至3个月。

第五十一条 娱乐场所未按照本条例规定悬挂警示标志、未成年人禁入或者限入标志的，由县级人民政府文化主管部门、县级公安部门依据法定职权责令改正，给予警告。

第五十二条 娱乐场所招用未成年人的，由劳动保障行政部门责令改正，并按照每招用一名未成年人每月处5000元罚款的标准给予处罚。

第五十三条 因擅自从事娱乐场所经营活动被依法取缔的，其投资人员和负责人终身不得投资开办娱乐场所或者担任娱乐场所的法定代表人、负责人。

娱乐场所因违反本条例规定，被吊销或者撤销娱乐经营许可证的，自被吊销或者撤销之日起，其法定代表人、负责人5年内不得担任娱乐场所的法定代表人、负责人。

娱乐场所因违反本条例规定，2年内被处以3次警告或者罚款又有违反本条例的行为应受行政处罚的，由县级人民政府文化主管部门、县级公安部门依据法定职权责令停业整顿3个月至6个月；2年内被2次责令停业整顿又有违反本条例的行为应受行政处罚的，由原发证机关吊销娱乐经营许可证。

第五十四条 娱乐场所违反有关治安管理或者消防管理法律、行政法规规定的，由公安部门依法予以处罚；构成犯罪的，依法追究刑事责任。

娱乐场所违反有关卫生、环境保护、价格、劳动等法律、行政法规规定的，由有关部门依法予以处罚；构成犯罪的，依法追究刑事责任。

娱乐场所及其从业人员与消费者发生争议的，应当依照消费者权益保护的法律规定解决；造成消费者人身、财产损害的，由娱乐场所依法予以赔偿。

第五十五条 国家机关及其工作人员开办娱乐场所，参与或者变相参与娱乐场所经营活动的，对直接负责的主管人员和其他直接责任人员依法给予撤职或者开除的行政处分。

文化主管部门、公安部门的工作人员明知其亲属开办娱乐场所或者发现其亲属参与、变相参与娱乐场所的经营活动，不予制止或者制止不力的，依法给予行政处分；情节严重的，依法给予撤职或者开除的行政处分。

第五十六条 文化主管部门、公安部门、工商行政管理部门和其他有关部门的工作人员有下列行为之一的，对直接负责的主管人员和其他直接责任人员依法给予行政处分；构成犯罪的，依法追究刑事责任：

（一）向不符合法定设立条件的单位颁发许可证、批准文件、营业执照的；

（二）不履行监督管理职责，或者发现擅自从事娱乐场所经营活动不依法取缔，或者发现违法行为不依法查处的；

（三）接到对违法行为的举报、通报后不依法查处的；

（四）利用职务之便，索取、收受他人财物或者谋取其他利益的；

（五）利用职务之便，参与、包庇违法行为，或者向有关单位、个人通风报信的；

（六）有其他滥用职权、玩忽职守、徇私舞弊行为的。

第六章　附　　则

第五十七条 本条例所称从业人员，包括娱乐场所的管理人员、服务人员、保安人员和在娱乐场所工作的其他人员。

第五十八条 本条例自2006年3月1日起施行。1999年3月26日国务院发布的《娱乐场所管理条例》同时废止。

戒毒条例

（2011年6月26日中华人民共和国国务院令第597号公布　根据2018年9月18日《国务院关于修改部分行政法规的决定》修订）

第一章　总　　则

第一条　为了规范戒毒工作，帮助吸毒成瘾人员戒除毒瘾，维护社会秩序，根据《中华人民共和国禁毒法》，制定本条例。

第二条　县级以上人民政府应当建立政府统一领导，禁毒委员会组织、协调、指导，有关部门各负其责，社会力量广泛参与的戒毒工作体制。

戒毒工作坚持以人为本、科学戒毒、综合矫治、关怀救助的原则，采取自愿戒毒、社区戒毒、强制隔离戒毒、社区康复等多种措施，建立戒毒治疗、康复指导、救助服务兼备的工作体系。

第三条　县级以上人民政府应当按照国家有关规定将戒毒工作所需经费列入本级财政预算。

第四条　县级以上地方人民政府设立的禁毒委员会可以组织公安机关、卫生行政和负责药品监督管理的部门开展吸毒监测、调查，并向社会公开监测、调查结果。

县级以上地方人民政府公安机关负责对涉嫌吸毒人员进行检测，对吸毒人员进行登记并依法实行动态管控，依法责令社区戒毒、决定强制隔离戒毒、责令社区康复，管理公安机关的强制隔离戒毒场所、戒毒康复场所，对社区戒毒、社区康复工作提供指导和支持。

设区的市级以上地方人民政府司法行政部门负责管理司法行政部门的强制隔离戒毒场所、戒毒康复场所，对社区戒毒、社区康复工作提供指导和支持。

县级以上地方人民政府卫生行政部门负责戒毒医疗机构的监督管理，会同公安机关、司法行政等部门制定戒毒医疗机构设置规划，对戒毒医疗服务提供指导和支持。

县级以上地方人民政府民政、人力资源社会保障、教育等部门依据各自的职责，对社区戒毒、社区康复工作提供康复和职业技能培训等指导和支持。

第五条 乡（镇）人民政府、城市街道办事处负责社区戒毒、社区康复工作。

第六条 县级、设区的市级人民政府需要设置强制隔离戒毒场所、戒毒康复场所的，应当合理布局，报省、自治区、直辖市人民政府批准，并纳入当地国民经济和社会发展规划。

强制隔离戒毒场所、戒毒康复场所的建设标准，由国务院建设部门、发展改革部门会同国务院公安部门、司法行政部门制定。

第七条 戒毒人员在入学、就业、享受社会保障等方面不受歧视。

对戒毒人员戒毒的个人信息应当依法予以保密。对戒断 3 年未复吸的人员，不再实行动态管控。

第八条 国家鼓励、扶持社会组织、企业、事业单位和个人参与戒毒科研、戒毒社会服务和戒毒社会公益事业。

对在戒毒工作中有显著成绩和突出贡献的，按照国家有关规定给予表彰、奖励。

第二章 自愿戒毒

第九条 国家鼓励吸毒成瘾人员自行戒除毒瘾。吸毒人员可以自行到戒毒医疗机构接受戒毒治疗。对自愿接受戒毒治疗的吸毒人员，公安机关对其原吸毒行为不予处罚。

第十条 戒毒医疗机构应当与自愿戒毒人员或者其监护人签订自愿戒毒协议，就戒毒方法、戒毒期限、戒毒的个人信息保密、戒毒人员应当遵守的规章制度、终止戒毒治疗的情形等作出约定，并应当载明戒毒疗效、戒毒治疗风险。

第十一条 戒毒医疗机构应当履行下列义务：

（一）对自愿戒毒人员开展艾滋病等传染病的预防、咨询教育；

（二）对自愿戒毒人员采取脱毒治疗、心理康复、行为矫治等多种治疗措施，并应当符合国务院卫生行政部门制定的戒毒治疗规范；

（三）采用科学、规范的诊疗技术和方法，使用的药物、医院制剂、医疗器械应当符合国家有关规定；

（四）依法加强药品管理，防止麻醉药品、精神药品流失滥用。

第十二条 符合参加戒毒药物维持治疗条件的戒毒人员，由本人申请，并经登记，可以参加戒毒药物维持治疗。登记参加戒毒药物维持治疗的戒毒人员的信息应当及时报公安机关备案。

戒毒药物维持治疗的管理办法，由国务院卫生行政部门会同国务院公安部门、药品监督管理部门制定。

第三章 社区戒毒

第十三条 对吸毒成瘾人员，县级、设区的市级人民政府公安机关可以责令其接受社区戒毒，并出具责令社区戒毒决定书，送达本人及其家属，通知本人户籍所在地或者现居住地乡（镇）人民政府、城市街道办事处。

第十四条 社区戒毒人员应当自收到责令社区戒毒决定书之日起 15 日内到社区戒毒执行地乡（镇）人民政府、城市街道办事处报到，无正当理由逾期不报到的，视为拒绝接受社区戒毒。

社区戒毒的期限为 3 年，自报到之日起计算。

第十五条 乡（镇）人民政府、城市街道办事处应当根据工作需要成立社区戒毒工作领导小组，配备社区戒毒专职工作人员，制定社区戒毒工作计划，落实社区戒毒措施。

第十六条 乡（镇）人民政府、城市街道办事处，应当在社区戒毒人员报到后及时与其签订社区戒毒协议，明确社区戒毒的具体措施、社区戒毒人员应当遵守的规定以及违反社区戒毒协议应承担的责任。

第十七条 社区戒毒专职工作人员、社区民警、社区医务人员、社区戒毒人员的家庭成员以及禁毒志愿者共同组成社区戒毒工作小组具体实施社区戒毒。

第十八条 乡（镇）人民政府、城市街道办事处和社区戒毒工作小组应当采取下列措施管理、帮助社区戒毒人员：

（一）戒毒知识辅导；

（二）教育、劝诫；

（三）职业技能培训，职业指导，就学、就业、就医援助；

（四）帮助戒毒人员戒除毒瘾的其他措施。

第十九条 社区戒毒人员应当遵守下列规定：

（一）履行社区戒毒协议；

（二）根据公安机关的要求，定期接受检测；

（三）离开社区戒毒执行地所在县（市、区）3日以上的，须书面报告。

第二十条 社区戒毒人员在社区戒毒期间，逃避或者拒绝接受检测3次以上，擅自离开社区戒毒执行地所在县（市、区）3次以上或者累计超过30日的，属于《中华人民共和国禁毒法》规定的“严重违反社区戒毒协议”。

第二十一条 社区戒毒人员拒绝接受社区戒毒，在社区戒毒期间又吸食、注射毒品，以及严重违反社区戒毒协议的，社区戒毒专职工作人员应当及时向当地公安机关报告。

第二十二条 社区戒毒人员的户籍所在地或者现居住地发生变化，需要变更社区戒毒执行地的，社区戒毒执行地乡（镇）人民政府、城市街道办事处应当将有关材料转送至变更后的乡（镇）人民政府、城市街道办事处。

社区戒毒人员应当自社区戒毒执行地变更之日起15日内前往变更后的乡（镇）人民政府、城市街道办事处报到，社区戒毒时间自报到之日起连续计算。

变更后的乡（镇）人民政府、城市街道办事处，应当按照本条例第十六条的规定，与社区戒毒人员签订新的社区戒毒协议，继续执行社区戒毒。

第二十三条 社区戒毒自期满之日起解除。社区戒毒执行地公安机关应当出具解除社区戒毒通知书送达社区戒毒人员本人及其家属，并在7日内通知社区戒毒执行地乡（镇）人民政府、城市街道办事处。

第二十四条 社区戒毒人员被依法收监执行刑罚、采取强制性教育措施的，社区戒毒终止。

社区戒毒人员被依法拘留、逮捕的，社区戒毒中止，由羁押场所给予必要的戒毒治疗，释放后继续接受社区戒毒。

第四章 强制隔离戒毒

第二十五条 吸毒成瘾人员有《中华人民共和国禁毒法》第三十八条第一款所列情形之一的，由县级、设区的市级人民政府公安机关作出强制隔离戒毒的决定。

对于吸毒成瘾严重，通过社区戒毒难以戒除毒瘾的人员，县级、设区的市级人民政府公安机关可以直接作出强制隔离戒毒的决定。

吸毒成瘾人员自愿接受强制隔离戒毒的，经强制隔离戒毒场所所在地县级、设区的市级人民政府公安机关同意，可以进入强制隔离戒毒场所戒毒。强制隔离戒毒场所应当与其就戒毒治疗期限、戒毒治疗措施等作出约定。

第二十六条 对依照《中华人民共和国禁毒法》第三十九条第一款规定不适用强制隔离戒毒的吸毒成瘾人员，县级、设区的市级人民政府公安机关应当作出社区戒毒的决定，依照本条例第三章的规定进行社区戒毒。

第二十七条 强制隔离戒毒的期限为2年，自作出强制隔离戒毒决定之日起计算。

被强制隔离戒毒的人员在公安机关的强制隔离戒毒场所执行强制隔离戒毒3个月至6个月后，转至司法行政部门的强制隔离戒毒场所继续执行强制隔离戒毒。

执行前款规定不具备条件的省、自治区、直辖市，由公安机关和司法行政部门共同提出意见报省、自治区、直辖市人民政府决定具体执行方案，但在公安机关的强制隔离戒毒场所执行强制隔离戒毒的时间不得超过12个月。

第二十八条 强制隔离戒毒场所对强制隔离戒毒人员的身体和携带物品进行检查时发现的毒品等违禁品，应当依法处理；对生活必需品以外的其他物品，由强制隔离戒毒场所代为保管。

女性强制隔离戒毒人员的身体检查，应当由女性工作人员进行。

第二十九条 强制隔离戒毒场所设立戒毒医疗机构应当经所在地省、自治区、直辖市人民政府卫生行政部门批准。强制隔离戒毒场所应当配备设施设备及必要的管理人员，依法为强制隔离戒毒人员提供科学规范的戒毒治疗、心理治疗、身体康复训练和卫生、道德、法制教育，开展职业技能培训。

第三十条 强制隔离戒毒场所应当根据强制隔离戒毒人员的性别、年龄、患病等情况对强制隔离戒毒人员实行分别管理；对吸食不同种类毒品的，应当有针对性地采取必要的治疗措施；根据戒毒治疗的不同阶段和强制隔离戒毒人员的表现，实行逐步适应社会的分级管理。

第三十一条 强制隔离戒毒人员患严重疾病，不出所治疗可能危及生命的，经强制隔离戒毒场所主管机关批准，并报强制隔离戒毒决定机关备案，强制隔离戒毒场所可以允许其所外就医。所外就医的费用由强制隔离戒毒人员本人承担。

所外就医期间，强制隔离戒毒期限连续计算。对于健康状况不再适宜回所执行强制隔离戒毒的，强制隔离戒毒场所应当向强制隔离戒毒决定机关提出变更为社区戒毒的建议，强制隔离戒毒决定机关应当自收到建议之日起 7 日内，作出是否批准的决定。经批准变更为社区戒毒的，已执行的强制隔离戒毒期限折抵社区戒毒期限。

第三十二条 强制隔离戒毒人员脱逃的，强制隔离戒毒场所应当立即通知所在地县级人民政府公安机关，并配合公安机关追回脱逃人员。被追回的强制隔离戒毒人员应当继续执行强制隔离戒毒，脱逃期间不计入强制隔离戒毒期限。被追回的强制隔离戒毒人员不得提前解除强制隔离戒毒。

第三十三条 对强制隔离戒毒场所依照《中华人民共和国禁毒法》第四十七条第二款、第三款规定提出的提前解除强制隔离戒毒、延长戒毒期限的意见，强制隔离戒毒决定机关应当自收到意见之日起7日内，作出是否批准的决定。对提前解除强制隔离戒毒或者延长强制隔离戒毒期限的，批准机关应当出具提前解除强制隔离戒毒决定书或者延长强制隔离戒毒期限决定书，送达被决定人，并在送达后24小时以内通知被决定人的家属、所在单位以及其户籍所在地或者现居住地公安派出所。

第三十四条 解除强制隔离戒毒的，强制隔离戒毒场所应当在解除强制隔离戒毒3日前通知强制隔离戒毒决定机关，出具解除强制隔离戒毒证明书送达戒毒人员本人，并通知其家属、所在单位、其户籍所在地或者现居住地公安派出所将其领回。

第三十五条 强制隔离戒毒诊断评估办法由国务院公安部门、司法行政部门会同国务院卫生行政部门制定。

第三十六条 强制隔离戒毒人员被依法收监执行刑罚、采取强制性教育措施或者被依法拘留、逮捕的，由监管场所、羁押场所给予必要的戒毒治疗，强制隔离戒毒的时间连续计算；刑罚执行完毕时、解除强制性教育措施时或者释放时强制隔离戒毒尚未期满的，继续执行强制隔离戒毒。

第五章 社区康复

第三十七条 对解除强制隔离戒毒的人员，强制隔离戒毒的决定机关可以责令其接受不超过3年的社区康复。

社区康复在当事人户籍所在地或者现居住地乡（镇）人民政府、城市街道办事处执行，经当事人同意，也可以在戒毒康复场所中执行。

第三十八条 被责令接受社区康复的人员，应当自收到责令社区康复决定书之日起15日内到户籍所在地或者现居住地乡（镇）人民政府、城市街道办事处报到，签订社区康复协议。

被责令接受社区康复的人员拒绝接受社区康复或者严重违反社区康复协议，并再次吸食、注射毒品被决定强制隔离戒毒的，强制隔离戒毒不得提前解除。

第三十九条 负责社区康复工作的人员应当为社区康复人员提供必要的心理治疗和辅导、职业技能培训、职业指导以及就学、就业、就医援助。

第四十条 社区康复自期满之日起解除。社区康复执行地公安机关出具解除社区康复通知书送达社区康复人员本人及其家属，并在7日内通知社区康复执行地乡（镇）人民政府、城市街道办事处。

第四十一条 自愿戒毒人员、社区戒毒、社区康复的人员可以自愿与戒毒康复场所签订协议，到戒毒康复场所戒毒康复、生活和劳动。

戒毒康复场所应当配备必要的管理人员和医务人员，为戒毒人员提供戒毒康复、职业技能培训和生产劳动条件。

第四十二条 戒毒康复场所应当加强管理，严禁毒品流入，并建立戒毒康复人员自我管理、自我教育、自我服务的机制。

戒毒康复场所组织戒毒人员参加生产劳动，应当参照国家劳动用工制度的规定支付劳动报酬。

第六章 法律责任

第四十三条 公安、司法行政、卫生行政等有关部门工作人员泄露戒毒人员个人信息的，依法给予处分；构成犯罪的，依法追究刑事责任。

第四十四条 乡（镇）人民政府、城市街道办事处负责社区戒毒、社区康复工作的人员有下列行为之一的，依法给予处分：

（一）未与社区戒毒、社区康复人员签订社区戒毒、社区康复协议，不落实社区戒毒、社区康复措施的；

（二）不履行本条例第二十一条规定的报告义务的；

（三）其他不履行社区戒毒、社区康复监督职责的行为。

第四十五条 强制隔离戒毒场所的工作人员有下列行为之一的，依法给予处分；构成犯罪的，依法追究刑事责任：

（一）侮辱、虐待、体罚强制隔离戒毒人员的；

（二）收受、索要财物的；

（三）擅自使用、损毁、处理没收或者代为保管的财物的；

（四）为强制隔离戒毒人员提供麻醉药品、精神药品或者违反规定传递其他物品的；

（五）在强制隔离戒毒诊断评估工作中弄虚作假的；
（六）私放强制隔离戒毒人员的；
（七）其他徇私舞弊、玩忽职守、不履行法定职责的行为。

第七章　附　　则

第四十六条　本条例自公布之日起施行。1995 年 1 月 12 日国务院发布的《强制戒毒办法》同时废止。

易制毒化学品管理条例

（2005 年 8 月 26 日中华人民共和国国务院令第 445 号公布　根据 2014 年 7 月 29 日《国务院关于修改部分行政法规的决定》第一次修订　根据 2016 年 2 月 6 日《国务院关于修改部分行政法规的决定》第二次修订　根据 2018 年 9 月 18 日《国务院关于修改部分行政法规的决定》第三次修订）

第一章　总　　则

第一条　为了加强易制毒化学品管理，规范易制毒化学品的生产、经营、购买、运输和进口、出口行为，防止易制毒化学品被用于制造毒品，维护经济和社会秩序，制定本条例。

第二条　国家对易制毒化学品的生产、经营、购买、运输和进口、出口实行分类管理和许可制度。

易制毒化学品分为三类。第一类是可以用于制毒的主要原料，第二类、第三类是可以用于制毒的化学配剂。易制毒化学品的具体分类和品种，由本条例附表列示。

易制毒化学品的分类和品种需要调整的，由国务院公安部门会同国务院药品监督管理部门、安全生产监督管理部门、商务主管部门、卫生主管部门和海关总署提出方案，报国务院批准。

省、自治区、直辖市人民政府认为有必要在本行政区域内调整分类或者增加本条例规定以外的品种的，应当向国务院公安部门提出，由国务院公安部门会同国务院有关行政主管部门提出方案，报国务院批准。

第三条 国务院公安部门、药品监督管理部门、安全生产监督管理部门、商务主管部门、卫生主管部门、海关总署、价格主管部门、铁路主管部门、交通主管部门、市场监督管理部门、生态环境主管部门在各自的职责范围内，负责全国的易制毒化学品有关管理工作；县级以上地方各级人民政府有关行政主管部门在各自的职责范围内，负责本行政区域内的易制毒化学品有关管理工作。

县级以上地方各级人民政府应当加强对易制毒化学品管理工作的领导，及时协调解决易制毒化学品管理工作中的问题。

第四条 易制毒化学品的产品包装和使用说明书，应当标明产品的名称（含学名和通用名）、化学分子式和成分。

第五条 易制毒化学品的生产、经营、购买、运输和进口、出口，除应当遵守本条例的规定外，属于药品和危险化学品的，还应当遵守法律、其他行政法规对药品和危险化学品的有关规定。

禁止走私或者非法生产、经营、购买、转让、运输易制毒化学品。

禁止使用现金或者实物进行易制毒化学品交易。但是，个人合法购买第一类中的药品类易制毒化学品药品制剂和第三类易制毒化学品的除外。

生产、经营、购买、运输和进口、出口易制毒化学品的单位，应当建立单位内部易制毒化学品管理制度。

第六条 国家鼓励向公安机关等有关行政主管部门举报涉及易制毒化学品的违法行为。接到举报的部门应当为举报者保密。对举报属实的，县级以上人民政府及有关行政主管部门应当给予奖励。

第二章 生产、经营管理

第七条 申请生产第一类易制毒化学品，应当具备下列条件，并经本条例第八条规定的行政主管部门审批，取得生产许可证后，方可进行生产：

（一）属依法登记的化工产品生产企业或者药品生产企业；

（二）有符合国家标准的生产设备、仓储设施和污染物处理设施；

（三）有严格的安全生产管理制度和环境突发事件应急预案；

（四）企业法定代表人和技术、管理人员具有安全生产和易制毒化学品的有关知识，无毒品犯罪记录；

（五）法律、法规、规章规定的其他条件。

申请生产第一类中的药品类易制毒化学品，还应当在仓储场所等重点区域设置电视监控设施以及与公安机关联网的报警装置。

第八条 申请生产第一类中的药品类易制毒化学品的，由省、自治区、直辖市人民政府药品监督管理部门审批；申请生产第一类中的非药品类易制毒化学品的，由省、自治区、直辖市人民政府安全生产监督管理部门审批。

前款规定的行政主管部门应当自收到申请之日起60日内，对申请人提交的申请材料进行审查。对符合规定的，发给生产许可证，或者在企业已经取得的有关生产许可证件上标注；不予许可的，应当书面说明理由。

审查第一类易制毒化学品生产许可申请材料时，根据需要，可以进行实地核查和专家评审。

第九条 申请经营第一类易制毒化学品，应当具备下列条件，并经本条例第十条规定的行政主管部门审批，取得经营许可证后，方可进行经营：

（一）属依法登记的化工产品经营企业或者药品经营企业；

（二）有符合国家规定的经营场所，需要储存、保管易制毒化学品的，还应当有符合国家技术标准的仓储设施；

（三）有易制毒化学品的经营管理制度和健全的销售网络；

（四）企业法定代表人和销售、管理人员具有易制毒化学品的有关知识，无毒品犯罪记录；

（五）法律、法规、规章规定的其他条件。

第十条 申请经营第一类中的药品类易制毒化学品的，由省、自治区、直辖市人民政府药品监督管理部门审批；申请经营第一类中的非药品类易制毒化学品的，由省、自治区、直辖市人民政府安全生产监督管理部门审批。

前款规定的行政主管部门应当自收到申请之日起 30 日内，对申请人提交的申请材料进行审查。对符合规定的，发给经营许可证，或者在企业已经取得的有关经营许可证件上标注；不予许可的，应当书面说明理由。

审查第一类易制毒化学品经营许可申请材料时，根据需要，可以进行实地核查。

第十一条 取得第一类易制毒化学品生产许可或者依照本条例第十三条第一款规定已经履行第二类、第三类易制毒化学品备案手续的生产企业，可以经销自产的易制毒化学品。但是，在厂外设立销售网点经销第一类易制毒化学品的，应当依照本条例的规定取得经营许可。

第一类中的药品类易制毒化学品药品单方制剂，由麻醉药品定点经营企业经销，且不得零售。

第十二条 取得第一类易制毒化学品生产、经营许可的企业，应当凭生产、经营许可证到市场监督管理部门办理经营范围变更登记。未经变更登记，不得进行第一类易制毒化学品的生产、经营。

第一类易制毒化学品生产、经营许可证被依法吊销的，行政主管部门应当自作出吊销决定之日起 5 日内通知市场监督管理部门；被吊销许可证的企业，应当及时到市场监督管理部门办理经营范围变更或者企业注销登记。

第十三条 生产第二类、第三类易制毒化学品的，应当自生产之日起 30 日内，将生产的品种、数量等情况，向所在地的设区的市级人民政府安全生产监督管理部门备案。

经营第二类易制毒化学品的，应当自经营之日起 30 日内，将经营的品种、数量、主要流向等情况，向所在地的设区的市级人民政府安全生产监督管理部门备案；经营第三类易制毒化学品的，应当自经营之日起 30 日内，将经营的品种、数量、主要流向等情况，向所在地的县级人民政府安全生产监督管理部门备案。

前两款规定的行政主管部门应当于收到备案材料的当日发给备案证明。

第三章 购买管理

第十四条 申请购买第一类易制毒化学品，应当提交下列证件，经本条例第十五条规定的行政主管部门审批，取得购买许可证：

（一）经营企业提交企业营业执照和合法使用需要证明；

（二）其他组织提交登记证书（成立批准文件）和合法使用需要证明。

第十五条 申请购买第一类中的药品类易制毒化学品的，由所在地的省、自治区、直辖市人民政府药品监督管理部门审批；申请购买第一类中的非药品类易制毒化学品的，由所在地的省、自治区、直辖市人民政府公安机关审批。

前款规定的行政主管部门应当自收到申请之日起10日内，对申请人提交的申请材料和证件进行审查。对符合规定的，发给购买许可证；不予许可的，应当书面说明理由。

审查第一类易制毒化学品购买许可申请材料时，根据需要，可以进行实地核查。

第十六条 持有麻醉药品、第一类精神药品购买印鉴卡的医疗机构购买第一类中的药品类易制毒化学品的，无须申请第一类易制毒化学品购买许可证。

个人不得购买第一类、第二类易制毒化学品。

第十七条 购买第二类、第三类易制毒化学品的，应当在购买前将所需购买的品种、数量，向所在地的县级人民政府公安机关备案。个人自用购买少量高锰酸钾的，无须备案。

第十八条 经营单位销售第一类易制毒化学品时，应当查验购买许可证和经办人的身份证明。对委托代购的，还应当查验购买人持有的委托文书。

经营单位在查验无误、留存上述证明材料的复印件后，方可出售第一类易制毒化学品；发现可疑情况的，应当立即向当地公安机关报告。

第十九条 经营单位应当建立易制毒化学品销售台账，如实记录销售的品种、数量、日期、购买方等情况。销售台账和证明材料复印件应当保存2年备查。

第一类易制毒化学品的销售情况，应当自销售之日起5日内报当地公安机关备案；第一类易制毒化学品的使用单位，应当建立使用台账，并保存2年备查。

第二类、第三类易制毒化学品的销售情况，应当自销售之日起30日内报当地公安机关备案。

第四章 运输管理

第二十条 跨设区的市级行政区域（直辖市为跨市界）或者在国务院公安部门确定的禁毒形势严峻的重点地区跨县级行政区域运输第一类易制毒化学品的，由运出地的设区的市级人民政府公安机关审批；运输第二类易制毒化学品的，由运出地的县级人民政府公安机关审批。经审批取得易制毒化学品运输许可证后，方可运输。

运输第三类易制毒化学品的，应当在运输前向运出地的县级人民政府公安机关备案。公安机关应当于收到备案材料的当日发给备案证明。

第二十一条 申请易制毒化学品运输许可，应当提交易制毒化学品的购销合同，货主是企业的，应当提交营业执照；货主是其他组织的，应当提交登记证书（成立批准文件）；货主是个人的，应当提交其个人身份证明。经办人还应当提交本人的身份证明。

公安机关应当自收到第一类易制毒化学品运输许可申请之日起10日内，收到第二类易制毒化学品运输许可申请之日起3日内，对申请人提交的申请材料进行审查。对符合规定的，发给运输许可证；不予许可的，应当书面说明理由。

审查第一类易制毒化学品运输许可申请材料时，根据需要，可以进行实地核查。

第二十二条 对许可运输第一类易制毒化学品的，发给一次有效的运输许可证。

对许可运输第二类易制毒化学品的，发给3个月有效的运输许可证；6个月内运输安全状况良好的，发给12个月有效的运输许可证。

易制毒化学品运输许可证应当载明拟运输的易制毒化学品的品种、数量、运入地、货主及收货人、承运人情况以及运输许可证种类。

第二十三条 运输供教学、科研使用的100克以下的麻黄素样品和供医疗机构制剂配方使用的小包装麻黄素以及医疗机构或者麻醉药品经营企业购买麻黄素片剂6万片以下、注射剂1.5万支以下，货主或者承运人持有依法取得的购买许可证明或者麻醉药品调拨单的，无须申请易制毒化学品运输许可。

第二十四条 接受货主委托运输的，承运人应当查验货主提供的运输许可证或者备案证明，并查验所运货物与运输许可证或者备案证明载明的易制毒化学品品种等情况是否相符；不相符的，不得承运。

运输易制毒化学品，运输人员应当自启运起全程携带运输许可证或者备案证明。公安机关应当在易制毒化学品的运输过程中进行检查。

运输易制毒化学品，应当遵守国家有关货物运输的规定。

第二十五条 因治疗疾病需要，患者、患者近亲属或者患者委托的人凭医疗机构出具的医疗诊断书和本人的身份证明，可以随身携带第一类中的药品类易制毒化学品药品制剂，但是不得超过医用单张处方的最大剂量。

医用单张处方最大剂量，由国务院卫生主管部门规定、公布。

第五章 进口、出口管理

第二十六条 申请进口或者出口易制毒化学品，应当提交下列材料，经国务院商务主管部门或者其委托的省、自治区、直辖市人民政府商务主管部门审批，取得进口或者出口许可证后，方可从事进口、出口活动：

（一）对外贸易经营者备案登记证明复印件；

（二）营业执照副本；

（三）易制毒化学品生产、经营、购买许可证或者备案证明；

（四）进口或者出口合同（协议）副本；

（五）经办人的身份证明。

申请易制毒化学品出口许可的，还应当提交进口方政府主管部门出具的合法使用易制毒化学品的证明或者进口方合法使用的保证文件。

第二十七条 受理易制毒化学品进口、出口申请的商务主管部门应当自收到申请材料之日起 20 日内，对申请材料进行审查，必要时可以进行实地核查。对符合规定的，发给进口或者出口许可证；不予许可的，应当书面说明理由。

对进口第一类中的药品类易制毒化学品的，有关的商务主管部门在作出许可决定前，应当征得国务院药品监督管理部门的同意。

第二十八条 麻黄素等属于重点监控物品范围的易制毒化学品，由国务院商务主管部门会同国务院有关部门核定的企业进口、出口。

第二十九条 国家对易制毒化学品的进口、出口实行国际核查制度。易制毒化学品国际核查目录及核查的具体办法，由国务院商务主管部门会同国务院公安部门规定、公布。

国际核查所用时间不计算在许可期限之内。

对向毒品制造、贩运情形严重的国家或者地区出口易制毒化学品以及本条例规定品种以外的化学品的，可以在国际核查措施以外实施其他管制措施，具体办法由国务院商务主管部门会同国务院公安部门、海关总署等有关部门规定、公布。

第三十条 进口、出口或者过境、转运、通运易制毒化学品的，应当如实向海关申报，并提交进口或者出口许可证。海关凭许可证办理通关手续。

易制毒化学品在境外与保税区、出口加工区等海关特殊监管区域、保税场所之间进出的，适用前款规定。

易制毒化学品在境内与保税区、出口加工区等海关特殊监管区域、保税场所之间进出的，或者在上述海关特殊监管区域、保税场所之间进出的，无须申请易制毒化学品进口或者出口许可证。

进口第一类中的药品类易制毒化学品，还应当提交药品监督管理部门出具的进口药品通关单。

第三十一条 进出境人员随身携带第一类中的药品类易制毒化学品药品制剂和高锰酸钾，应当以自用且数量合理为限，并接受海关监管。

进出境人员不得随身携带前款规定以外的易制毒化学品。

第六章 监督检查

第三十二条 县级以上人民政府公安机关、负责药品监督管理的部门、安全生产监督管理部门、商务主管部门、卫生主管部门、价格主管部门、铁路主管部门、交通主管部门、市场监督管理部门、生态环境主管部门和海关，应当依照本条例和有关法律、行政法规的规定，在各自的职责范围内，加强对易制毒化学品生产、经营、购买、运输、价格以及进口、出口的监督检查；对非法生产、经营、购买、运输易制毒化学品，或者走私易制毒化学品的行为，依法予以查处。

前款规定的行政主管部门在进行易制毒化学品监督检查时，可以依法查看现场、查阅和复制有关资料、记录有关情况、扣押相关的证据材料和违法物品；必要时，可以临时查封有关场所。

被检查的单位或者个人应当如实提供有关情况和材料、物品，不得拒绝或者隐匿。

第三十三条 对依法收缴、查获的易制毒化学品，应当在省、自治区、直辖市或者设区的市级人民政府公安机关、海关或者生态环境主管部门的监督下，区别易制毒化学品的不同情况进行保管、回收，或者依照环境保护法律、行政法规的有关规定，由有资质的单位在生态环境主管部门的监督下销毁。其中，对收缴、查获的第一类中的药品类易制毒化学品，一律销毁。

易制毒化学品违法单位或者个人无力提供保管、回收或者销毁费用的，保管、回收或者销毁的费用在回收所得中开支，或者在有关行政主管部门的禁毒经费中列支。

第三十四条 易制毒化学品丢失、被盗、被抢的，发案单位应当立即向当地公安机关报告，并同时报告当地的县级人民政府负责药品监督管理的部门、安全生产监督管理部门、商务主管部门或者卫生主管部门。接到报案的公安机关应当及时立案查处，并向上级公安机关报告；有关行政主管部门应当逐级上报并配合公安机关的查处。

第三十五条 有关行政主管部门应当将易制毒化学品许可以及依法吊销许可的情况通报有关公安机关和市场监督管理部门；市场监督管理部门应当将生产、经营易制毒化学品企业依法变更或者注销登记的情况通报有关公安机关和行政主管部门。

第三十六条 生产、经营、购买、运输或者进口、出口易制毒化学品的单位，应当于每年3月31日前向许可或者备案的行政主管部门和公安机关报告本单位上年度易制毒化学品的生产、经营、购买、运输或者进口、出口情况；有条件的生产、经营、购买、运输或者进口、出口单位，可以与有关行政主管部门建立计算机联网，及时通报有关经营情况。

第三十七条 县级以上人民政府有关行政主管部门应当加强协调合作，建立易制毒化学品管理情况、监督检查情况以及案件处理情况的通报、交流机制。

第七章 法律责任

第三十八条 违反本条例规定，未经许可或者备案擅自生产、经营、购买、运输易制毒化学品，伪造申请材料骗取易制毒化学品生产、经营、购买或者运输许可证，使用他人的或者伪造、变造、失效的许可证生产、经营、购买、运输易制毒化学品的，由公安机关没收非法生产、经营、购买或者运输的易制毒化学品、用于非法生产易制毒化学品的原料以及非法生产、经营、购买或者运输易制毒化学品的设备、工具，处非法生产、经营、购买或者运输的易制毒化学品货值10倍以上20倍以下的罚款，货值的20倍不足1万元的，按1万元罚款；有违法所得的，没收违法所得；有营业执照的，由市场监督管理部门吊销营业执照；构成犯罪的，依法追究刑事责任。

对有前款规定违法行为的单位或者个人，有关行政主管部门可以自作出行政处罚决定之日起3年内，停止受理其易制毒化学品生产、经营、购买、运输或者进口、出口许可申请。

第三十九条 违反本条例规定，走私易制毒化学品的，由海关没收走私的易制毒化学品；有违法所得的，没收违法所得，并依照海关法律、行政法规给予行政处罚；构成犯罪的，依法追究刑事责任。

第四十条 违反本条例规定，有下列行为之一的，由负有监督管理职责的行政主管部门给予警告，责令限期改正，处1万元以上5万元以下的罚款；对违反规定生产、经营、购买的易制毒化学品可以予以没收；逾期不改正的，责令限期停产停业整顿；逾期整顿不合格的，吊销相应的许可证：

（一）易制毒化学品生产、经营、购买、运输或者进口、出口单位未按规定建立安全管理制度的；

（二）将许可证或者备案证明转借他人使用的；

（三）超出许可的品种、数量生产、经营、购买易制毒化学品的；

（四）生产、经营、购买单位不记录或者不如实记录交易情况、不按规定保存交易记录或者不如实、不及时向公安机关和有关行政主管部门备案销售情况的；

（五）易制毒化学品丢失、被盗、被抢后未及时报告，造成严重后果的；

（六）除个人合法购买第一类中的药品类易制毒化学品药品制剂以及第三类易制毒化学品外，使用现金或者实物进行易制毒化学品交易的；

（七）易制毒化学品的产品包装和使用说明书不符合本条例规定要求的；

（八）生产、经营易制毒化学品的单位不如实或者不按时向有关行政主管部门和公安机关报告年度生产、经销和库存等情况的。

企业的易制毒化学品生产经营许可被依法吊销后，未及时到市场监督管理部门办理经营范围变更或者企业注销登记的，依照前款规定，对易制毒化学品予以没收，并处罚款。

第四十一条 运输的易制毒化学品与易制毒化学品运输许可证或者备案证明载明的品种、数量、运入地、货主及收货人、承运人等情况不符，运输许可证种类不当，或者运输人员未全程携带运输许可证或者备案证明的，由公安机关责令停运整改，处5000元以上5万元以下的罚款；有危险物品运输资质的，运输主管部门可以依法吊销其运输资质。

个人携带易制毒化学品不符合品种、数量规定的，没收易制毒化学品，处1000元以上5000元以下的罚款。

第四十二条 生产、经营、购买、运输或者进口、出口易制毒化学品的单位或者个人拒不接受有关行政主管部门监督检查的，由负有监督管理职责的行政主管部门责令改正，对直接负责的主管人员以及其他直接责任人员给予警告；情节严重的，对单位处1万元以上5万元以下的罚款，对直接负责的主管人员以及其他直接责任人员处1000元以上5000元以下的罚款；有违反治安管理行为的，依法给予治安管理处罚；构成犯罪的，依法追究刑事责任。

第四十三条 易制毒化学品行政主管部门工作人员在管理工作中有应当许可而不许可、不应当许可而滥许可，不依法受理备案，以及其他滥用职权、玩忽职守、徇私舞弊行为的，依法给予行政处分；构成犯罪的，依法追究刑事责任。

第八章 附 则

第四十四条 易制毒化学品生产、经营、购买、运输和进口、出口许可证，由国务院有关行政主管部门根据各自的职责规定式样并监制。

第四十五条 本条例自2005年11月1日起施行。

本条例施行前已经从事易制毒化学品生产、经营、购买、运输或者进口、出口业务的，应当自本条例施行之日起6个月内，依照本条例的规定重新申请许可。

附表：

易制毒化学品的分类和品种目录

第一类

1. 1－苯基－2－丙酮
2. 3，4－亚甲基二氧苯基－2－丙酮
3. 胡椒醛
4. 黄樟素
5. 黄樟油
6. 异黄樟素
7. N－乙酰邻氨基苯酸
8. 邻氨基苯甲酸
9. 麦角酸*
10. 麦角胺*
11. 麦角新碱*
12. 麻黄素、伪麻黄素、消旋麻黄素、去甲麻黄素、甲基麻黄素、麻黄浸膏、麻黄浸膏粉等麻黄素类物质*

第二类

1. 苯乙酸
2. 醋酸酐
3. 三氯甲烷
4. 乙醚
5. 哌啶

第三类

1. 甲苯

2. 丙酮
3. 甲基乙基酮
4. 高锰酸钾
5. 硫酸
6. 盐酸

说明：

一、第一类、第二类所列物质可能存在的盐类，也纳入管制。

二、带有＊标记的品种为第一类中的药品类易制毒化学品，第一类中的药品类易制毒化学品包括原料药及其单方制剂。

吸毒检测程序规定

（2009年9月27日公安部令第110号公布　根据2016年12月16日《公安部关于修改〈吸毒检测程序规定〉的决定》修订）

第一条　为规范公安机关吸毒检测工作，保护当事人的合法权益，根据《中华人民共和国禁毒法》、《戒毒条例》等有关法律规定，制定本规定。

第二条　吸毒检测是运用科学技术手段对涉嫌吸毒的人员进行生物医学检测，为公安机关认定吸毒行为提供科学依据的活动。

吸毒检测的对象，包括涉嫌吸毒的人员，被决定执行强制隔离戒毒的人员，被公安机关责令接受社区戒毒和社区康复的人员，以及戒毒康复场所内的戒毒康复人员。

第三条　吸毒检测分为现场检测、实验室检测、实验室复检。

第四条　现场检测由县级以上公安机关或者其派出机构进行。

实验室检测由县级以上公安机关指定的取得检验鉴定机构资格的实验室或者有资质的医疗机构进行。

实验室复检由县级以上公安机关指定的取得检验鉴定机构资格的实验室进行。

实验室检测和实验室复检不得由同一检测机构进行。

第五条 吸毒检测样本的采集应当使用专用器材。现场检测器材应当是国家主管部门批准生产或者进口的合格产品。

第六条 检测样本为采集的被检测人员的尿液、血液、唾液或者毛发等生物样本。

第七条 被检测人员拒绝接受检测的，经县级以上公安机关或者其派出机构负责人批准，可以对其进行强制检测。

第八条 公安机关采集、送检、检测样本，应当由两名以上工作人员进行；采集女性被检测人尿液检测样本，应当由女性工作人员进行。

采集的检测样本经现场检测结果为阳性的，应当分别保存在 A、B 两个样本专用器材中并编号，由采集人和被采集人共同签字封存，在采用检材适宜的条件予以保存，保存期不得少于六个月。

第九条 现场检测应当出具检测报告，由检测人签名，并加盖检测的公安机关或者其派出机构的印章。

现场检测结果应当当场告知被检测人，并由被检测人在检测报告上签名。被检测人拒不签名的，公安民警应当在检测报告上注明。

第十条 被检测人对现场检测结果有异议的，可以在被告知检测结果之日起的三日内，向现场检测的公安机关提出实验室检测申请。

公安机关应当在接到实验室检测申请后的三日内作出是否同意进行实验室检测的决定，并将结果告知被检测人。

第十一条 公安机关决定进行实验室检测的，应当在作出实验室检测决定后的三日内，将保存的 A 样本送交县级以上公安机关指定的具有检验鉴定资格的实验室或者有资质的医疗机构。

第十二条 接受委托的实验室或者医疗机构应当在接到检测样本后的三日内出具实验室检测报告，由检测人签名，并加盖检测机构公章后，送委托实验室检测的公安机关。公安机关收到检测报告后，应当在二十四小时内将检测结果告知被检测人。

第十三条 被检测人对实验室检测结果有异议的，可以在被告知检测结果后的三日内，向现场检测的公安机关提出实验室复检申请。

公安机关应当在接到实验室复检申请后的三日内作出是否同意进行实验室复检的决定，并将结果告知被检测人。

第十四条 公安机关决定进行实验室复检的，应当在作出实验室复检决定后的三日内，将保存的B样本送交县级以上公安机关指定的具有检验鉴定资格的实验室。

第十五条 接受委托的实验室应当在接到检测样本后的三日内出具检测报告，由检测人签名，并加盖专用鉴定章后，送委托实验室复检的公安机关。公安机关收到检测报告后，应当在二十四小时内将检测结果告知被检测人。

第十六条 接受委托的实验室检测机构或者实验室复检机构认为送检样本不符合检测条件的，应当报县级以上公安机关或者其派出机构负责人批准后，由公安机关根据检测机构的意见，重新采集检测样本。

第十七条 被检测人是否申请实验室检测和实验室复检，不影响案件的正常办理。

公安机关认为必要时，可以直接决定进行实验室检测和实验室复检。

第十八条 现场检测费用、实验室检测、实验室复检的费用由公安机关承担。

第十九条 公安机关、鉴定机构或者其工作人员违反本规定，有下列情形之一的，应当依照有关规定，对相关责任人给予纪律处分或者行政处分；构成犯罪的，依法追究刑事责任：

（一）因严重不负责任给当事人合法权益造成重大损害的；

（二）故意提供虚假检测报告的；

（三）法律、行政法规规定的其他情形。

第二十条 吸毒检测的技术标准由公安部另行制定。

第二十一条 本规定所称“以上”、“内”皆包含本级或者本数，“日”是指工作日。

第二十二条 本规定自2010年1月1日起施行。

吸毒成瘾认定办法

（2011 年 1 月 30 日中华人民共和国公安部令第 115 号发布　根据 2016 年 12 月 29 日公安部、国家卫生和计划生育委员会令第 142 号《关于修改〈吸毒成瘾认定办法〉的决定》修订）

第一条　为规范吸毒成瘾认定工作，科学认定吸毒成瘾人员，依法对吸毒成瘾人员采取戒毒措施和提供戒毒治疗，根据《中华人民共和国禁毒法》、《戒毒条例》，制定本办法。

第二条　本办法所称吸毒成瘾，是指吸毒人员因反复使用毒品而导致的慢性复发性脑病，表现为不顾不良后果、强迫性寻求及使用毒品的行为，常伴有不同程度的个人健康及社会功能损害。

第三条　本办法所称吸毒成瘾认定，是指公安机关或者其委托的戒毒医疗机构通过对吸毒人员进行人体生物样本检测、收集其吸毒证据或者根据生理、心理、精神的症状、体征等情况，判断其是否成瘾以及是否成瘾严重的工作。

本办法所称戒毒医疗机构，是指符合《戒毒医疗服务管理暂行办法》规定的专科戒毒医院和设有戒毒治疗科室的其他医疗机构。

第四条　公安机关在执法活动中发现吸毒人员，应当进行吸毒成瘾认定；因技术原因认定有困难的，可以委托有资质的戒毒医疗机构进行认定。

第五条　承担吸毒成瘾认定工作的戒毒医疗机构，由省级卫生计生行政部门会同同级公安机关指定。

第六条　公安机关认定吸毒成瘾，应当由两名以上人民警察进行，并在作出人体生物样本检测结论的二十四小时内提出认定意见，由认定人员签名，经所在单位负责人审核，加盖所在单位印章。

有关证据材料，应当作为认定意见的组成部分。

第七条　吸毒人员同时具备以下情形的，公安机关认定其吸毒成瘾：

（一）经血液、尿液和唾液等人体生物样本检测证明其体内含有毒品成分；

（二）有证据证明其有使用毒品行为；

（三）有戒断症状或者有证据证明吸毒史，包括曾经因使用毒品被公安机关查处、曾经进行自愿戒毒、人体毛发样品检测出毒品成分等情形。

戒断症状的具体情形，参照卫生部制定的《阿片类药物依赖诊断治疗指导原则》和《苯丙胺类药物依赖诊断治疗指导原则》、《氯胺酮依赖诊断治疗指导原则》确定。

第八条 吸毒成瘾人员具有下列情形之一的，公安机关认定其吸毒成瘾严重：

（一）曾经被责令社区戒毒、强制隔离戒毒（含《禁毒法》实施以前被强制戒毒或者劳教戒毒）、社区康复或者参加过戒毒药物维持治疗，再次吸食、注射毒品的；

（二）有证据证明其采取注射方式使用毒品或者至少三次使用累计涉及两类以上毒品的；

（三）有证据证明其使用毒品后伴有聚众淫乱、自伤自残或者暴力侵犯他人人身、财产安全或者妨害公共安全等行为的。

第九条 公安机关在吸毒成瘾认定过程中实施人体生物样本检测，依照公安部制定的《吸毒检测程序规定》的有关规定执行。

第十条 公安机关承担吸毒成瘾认定工作的人民警察，应当同时具备以下条件：

（一）具有二级警员以上警衔及两年以上相关执法工作经历；

（二）经省级公安机关、卫生计生行政部门组织培训并考核合格。

第十一条 公安机关委托戒毒医疗机构进行吸毒成瘾认定的，应当在吸毒人员末次吸毒的七十二小时内予以委托并提交委托函。超过七十二小时委托的，戒毒医疗机构可以不予受理。

第十二条 承担吸毒成瘾认定工作的戒毒医疗机构及其医务人员，应当依照《戒毒医疗服务管理暂行办法》的有关规定进行吸毒成瘾认定工作。

第十三条 戒毒医疗机构认定吸毒成瘾，应当由两名承担吸毒成瘾认定工作的医师进行。

第十四条 承担吸毒成瘾认定工作的医师，应当同时具备以下条件：

（一）符合《戒毒医疗服务管理暂行办法》的有关规定；

（二）从事戒毒医疗工作不少于三年；

（三）具有中级以上专业技术职务任职资格。

第十五条 戒毒医疗机构对吸毒人员采集病史和体格检查时，委托认定的公安机关应当派有关人员在场协助。

第十六条 戒毒医疗机构认为需要对吸毒人员进行人体生物样本检测的，委托认定的公安机关应当协助提供现场采集的检测样本。

戒毒医疗机构认为需要重新采集其他人体生物检测样本的，委托认定的公安机关应当予以协助。

第十七条 戒毒医疗机构使用的检测试剂，应当是经国家食品药品监督管理局批准的产品，并避免与常见药物发生交叉反应。

第十八条 戒毒医疗机构及其医务人员应当依照诊疗规范、常规和有关规定，结合吸毒人员的病史、精神症状检查、体格检查和人体生物样本检测结果等，对吸毒人员进行吸毒成瘾认定。

第十九条 戒毒医疗机构应当自接受委托认定之日起三个工作日内出具吸毒成瘾认定报告，由认定人员签名并加盖戒毒医疗机构公章。认定报告一式二份，一份交委托认定的公安机关，一份留存备查。

第二十条 委托戒毒医疗机构进行吸毒成瘾认定的费用由委托单位承担。

第二十一条 各级公安机关、卫生计生行政部门应当加强对吸毒成瘾认定工作的指导和管理。

第二十二条 任何单位和个人不得违反规定泄露承担吸毒成瘾认定工作相关工作人员及被认定人员的信息。

第二十三条 公安机关、戒毒医疗机构以及承担认定工作的相关人员违反本办法规定的，依照有关法律法规追究责任。

第二十四条 本办法所称的两类及以上毒品是指阿片类（包括

鸦片、吗啡、海洛因、杜冷丁等），苯丙胺类（包括各类苯丙胺衍生物），大麻类，可卡因类，以及氯胺酮等其他类毒品。

第二十五条 本办法自2011年4月1日起施行。

公安机关强制隔离戒毒所管理办法

（2011年9月28日公安部令第117号公布　自公布之日起施行）

第一章　总　　则

第一条 为加强和规范公安机关强制隔离戒毒所的管理，保障强制隔离戒毒工作顺利进行，根据《中华人民共和国禁毒法》、《国务院戒毒条例》以及相关规定，制定本办法。

第二条 强制隔离戒毒所是公安机关依法通过行政强制措施为戒毒人员提供科学规范的戒毒治疗、心理治疗、身体康复训练和卫生、道德、法制教育，开展职业技能培训的场所。

第三条 强制隔离戒毒所应当坚持戒毒治疗与教育康复相结合的方针，遵循依法、严格、科学、文明管理的原则，实现管理规范化、治疗医院化、康复多样化、帮教社会化、建设标准化。

第四条 强制隔离戒毒所应当建立警务公开制度，依法接受监督。

第二章　设　　置

第五条 强制隔离戒毒所由县级以上地方人民政府设置。

强制隔离戒毒所由公安机关提出设置意见，经本级人民政府和省级人民政府公安机关分别审核同意后，报省级人民政府批准，并报公安部备案。

第六条 强制隔离戒毒所机构名称为XX省（自治区、直辖市）、XX市（县、区、旗）强制隔离戒毒所。

同级人民政府设置有司法行政部门管理的强制隔离戒毒所的，公安机关管理的强制隔离戒毒所名称为XX省（自治区、直辖市）、XX市（县、区、旗）第一强制隔离戒毒所。

第七条 强制隔离戒毒所建设，应当符合国家有关建设规范。建设方案，应当经省级人民政府公安机关批准。

第八条 强制隔离戒毒所设所长一人，副所长二至四人，必要时可设置政治委员或教导员。强制隔离戒毒所根据工作需要设置相应的机构，配备相应数量的管教、监控、巡视、医护、技术、财会等民警和工勤人员，落实岗位责任。

强制隔离戒毒所根据工作需要配备一定数量女民警。

公安机关可以聘用文职人员参与强制隔离戒毒所的戒毒治疗、劳动技能培训、法制教育等非执法工作，可以聘用工勤人员从事勤杂工作。

第九条 强制隔离戒毒所管理人员、医务人员享受国家规定的工资福利待遇和职业保险。

第十条 强制隔离戒毒所的基础建设经费、日常运行公用经费、办案（业务）经费、业务装备经费、戒毒人员监管给养经费，按照县级以上人民政府的财政预算予以保障。

各省、自治区、直辖市公安机关应当会同本地财政部门每年度对戒毒人员伙食费、医疗费等戒毒人员经费标准进行核算。

第十一条 强制隔离戒毒所应当建立并严格执行财物管理制度，接受有关部门的检查和审计。

第十二条 强制隔离戒毒所按照收戒规模设置相应的医疗机构，接受卫生行政部门对医疗工作的指导和监督。

强制隔离戒毒所按照卫生行政部门批准的医疗机构要求配备医务工作人员。

强制隔离戒毒所医务工作人员应当参加卫生行政部门组织的业务培训和职称评定考核。

第三章 入 所

第十三条 强制隔离戒毒所凭《强制隔离戒毒决定书》，接收戒毒人员。

第十四条 强制隔离戒毒所接收戒毒人员时，应当对戒毒人员进行必要的健康检查，确认是否受伤、患有传染病或者其他疾病，对女性戒毒人员还应当确认是否怀孕，并填写《戒毒人员健康检查表》。

办理入所手续后，强制隔离戒毒所民警应当向强制隔离戒毒决定机关出具收戒回执。

第十五条 对怀孕或者正在哺乳自己不满一周岁婴儿的妇女，强制隔离戒毒所应当通知强制隔离戒毒决定机关依法变更为社区戒毒。

戒毒人员不满十六周岁且强制隔离戒毒可能影响其学业的，强制隔离戒毒所可以建议强制隔离戒毒决定机关依法变更为社区戒毒。

对身体有外伤的，强制隔离戒毒所应当予以记录，由送戒人员出具伤情说明并由戒毒人员本人签字确认。

第十六条 强制隔离戒毒所办理戒毒人员入所手续，应当填写《戒毒人员入所登记表》，并在全国禁毒信息管理系统中录入相应信息，及时进行信息维护。

戒毒人员基本信息与《强制隔离戒毒决定书》相应信息不一致的，强制隔离戒毒所应当要求办案部门核查并出具相应说明。

第十七条 强制隔离戒毒所应当对戒毒人员人身和随身携带的物品进行检查。除生活必需品外，其他物品由强制隔离戒毒所代为保管，并填写《戒毒人员财物保管登记表》一式二份，强制隔离戒毒所和戒毒人员各存一份。经戒毒人员签字同意，强制隔离戒毒所可以将代为保管物品移交戒毒人员近亲属保管。

对检查时发现的毒品以及其他依法应当没收的违禁品，强制隔离戒毒所应当逐件登记，并依照有关规定处理。与案件有关的物品应当移交强制隔离戒毒决定机关处理。

对女性戒毒人员的人身检查，应当由女性工作人员进行。

第十八条 强制隔离戒毒所应当配合办案部门查清戒毒人员真实情况，对新入所戒毒人员信息应当与在逃人员、违法犯罪人员等信息系统进行比对，发现戒毒人员有其他违法犯罪行为或者为在逃人员的，按照相关规定移交有关部门处理。

第四章　管　　理

第十九条　强制隔离戒毒所应当根据戒毒人员性别、年龄、患病、吸毒种类等情况设置不同病区，分别收戒管理。

强制隔离戒毒所根据戒毒治疗的不同阶段和戒毒人员表现，实行逐步适应社会的分级管理。

第二十条　强制隔离戒毒所应当建立新入所戒毒人员管理制度，对新入所戒毒人员实行不少于十五天的过渡管理和教育。

第二十一条　强制隔离戒毒所应当在戒毒人员入所二十四小时内进行谈话教育，书面告知其应当遵守的管理规定和依法享有的权利及行使权利的途径，掌握其基本情况，疏导心理，引导其适应新环境。

第二十二条　戒毒人员提出检举、揭发、控告，以及提起行政复议或者行政诉讼的，强制隔离戒毒所应当登记后及时将有关材料转送有关部门。

第二十三条　强制隔离戒毒所应当保障戒毒人员通信自由和通信秘密。对强制隔离戒毒所以外的人员交给戒毒人员的物品和邮件，强制隔离戒毒所应当进行检查。检查时，应当有两名以上工作人员同时在场。

经强制隔离戒毒所批准，戒毒人员可以用指定的固定电话与其亲友、监护人或者所在单位、就读学校通话。

第二十四条　强制隔离戒毒所建立探访制度，允许戒毒人员亲属、所在单位或者就读学校的工作人员探访。

探访人员应当接受强制隔离戒毒所身份证件检查，遵守探访规定。对违反规定的探访人员，强制隔离戒毒所可以提出警告或者责令其停止探访。

第二十五条　戒毒人员具有以下情形之一的，强制隔离戒毒所可以批准其请假出所：

（一）配偶、直系亲属病危或者有其他正当理由需离所探视的；

（二）配偶、直系亲属死亡需要处理相应事务的；

（三）办理婚姻登记等必须由本人实施的民事法律行为的。

戒毒人员应当提出请假出所的书面申请并提供相关证明材料，经强制隔离戒毒所所长批准，并报主管公安机关备案后，发给戒毒人员请假出所证明。

请假出所时间最长不得超过十天，离所和回所当日均计算在内。对请假出所不归的，视作脱逃行为处理。

第二十六条 律师会见戒毒人员应当持律师执业证、律师事务所介绍信和委托书，在强制隔离戒毒所内指定地点进行。

第二十七条 强制隔离戒毒所应当制定并严格执行戒毒人员伙食标准，保证戒毒人员饮食卫生、吃熟、吃热、吃够定量。

对少数民族戒毒人员，应当尊重其饮食习俗。

第二十八条 强制隔离戒毒所应当建立戒毒人员代购物品管理制度，代购物品仅限日常生活用品和食品。

第二十九条 强制隔离戒毒所应当建立戒毒人员一日生活制度。

强制隔离戒毒所应当督促戒毒人员遵守戒毒人员行为规范，并根据其现实表现分别予以奖励或者处罚。

第三十条 强制隔离戒毒所应当建立出入所登记制度。

戒毒区实行封闭管理，非本所工作人员出入应经所领导批准。

第三十一条 强制隔离戒毒所应当统一戒毒人员的着装、被服，衣被上应当设置本所标志。

第三十二条 强制隔离戒毒所应当安装监控录像、应急报警、病室报告装置、门禁检查和违禁物品检测等技防系统。监控录像保存时间不得少于十五天。

第三十三条 强制隔离戒毒所应当定期或者不定期进行安全检查，及时发现和消除安全隐患。

第三十四条 强制隔离戒毒所应当建立突发事件处置预案，并定期进行演练。

遇有戒毒人员脱逃、暴力袭击他人的，强制隔离戒毒所可以依法使用警械予以制止。

第三十五条 强制隔离戒毒所应当建立二十四小时值班巡视制度。

值班人员必须坚守岗位，履行职责，加强巡查，不得擅离职守，不得从事有碍值班的活动。

值班人员发现问题，应当果断采取有效措施，及时处置，并按规定向上级报告。

第三十六条 对有下列情形之一的戒毒人员，应当根据不同情节分别给予警告、训诫、责令具结悔过或者禁闭；构成犯罪的，依法追究刑事责任：

（一）违反戒毒人员行为规范、不遵守强制隔离戒毒所纪律，经教育不改正的；

（二）私藏或者吸食、注射毒品，隐匿违禁物品的；

（三）欺侮、殴打、虐待其他戒毒人员，占用他人财物等侵犯他人权利的；

（四）交流吸毒信息、传授犯罪方法或者教唆他人违法犯罪的；

（五）预谋或者实施自杀、脱逃、行凶的。

对戒毒人员处以警告、训诫和责令具结悔过，由管教民警决定并执行；处以禁闭，由管教民警提出意见，报强制隔离戒毒所所长批准。

对情节恶劣的，在诊断评估时应当作为建议延长其强制隔离戒毒期限的重要情节；构成犯罪的，交由侦查部门侦查，被决定刑事拘留或者逮捕的转看守所羁押。

第三十七条 强制隔离戒毒所发生戒毒人员脱逃的，应当立即报告主管公安机关，并配合追回脱逃人员。被追回的戒毒人员应当继续执行强制隔离戒毒，脱逃期间不计入强制隔离戒毒期限。被追回的戒毒人员不得提前解除强制隔离戒毒，诊断评估时可以作为建议延长其强制隔离戒毒期限的情节。

第三十八条 戒毒人员在强制隔离戒毒期间死亡的，强制隔离戒毒所应当立即向主管公安机关报告，同时通报强制隔离戒毒决定机关，通知其家属和同级人民检察院。主管公安机关应当组织相关部门对死亡原因进行调查。查清死亡原因后，尽快通知死者家属。

其他善后事宜依照国家有关规定处理。

第三十九条 强制隔离戒毒所应当建立询问登记制度，配合办案部门的询问工作。

第四十条 办案人员询问戒毒人员，应当持单位介绍信及有效工作证件，办理登记手续，在询问室进行。

因办案需要，经强制隔离戒毒所主管公安机关负责人批准，办案部门办理交接手续后可以将戒毒人员带离出所，出所期间的安全由办案部门负责。戒毒人员被带离出所以及送回所时，强制隔离戒毒所应对其进行体表检查，做好书面记录，由强制隔离戒毒所民警、办案人员和戒毒人员签字确认。

第五章 医 疗

第四十一条 强制隔离戒毒所戒毒治疗和护理操作规程按照国家有关规定进行。

第四十二条 强制隔离戒毒所根据戒毒人员吸食、注射毒品的种类和成瘾程度等，进行有针对性的生理治疗、心理治疗和身体康复训练，并建立个人病历。

第四十三条 强制隔离戒毒所实行医护人员二十四小时值班和定时查房制度，医护人员应当随时掌握分管戒毒人员的治疗和身体康复情况，并给予及时的治疗和看护。

第四十四条 强制隔离戒毒所对患有传染病的戒毒人员，按照国家有关规定采取必要的隔离、治疗措施。

第四十五条 强制隔离戒毒所对毒瘾发作或者出现精神障碍可能发生自伤、自残或者实施其他危险行为的戒毒人员，可以按照卫生行政部门制定的医疗规范采取保护性约束措施。

对被采取保护性约束措施的戒毒人员，民警和医护人员应当密切观察，可能发生自伤、自残或者实施其他危险行为的情形解除后及时解除保护性约束措施。

第四十六条 戒毒人员患严重疾病，不出所治疗可能危及生命的，经强制隔离戒毒所主管公安机关批准，报强制隔离戒毒决定机关备案，强制隔离戒毒所可以允许其所外就医，并发给所外就医证明。所外就医的费用由戒毒人员本人承担。

所外就医期间，强制隔离戒毒期限连续计算。对于健康状况不再适宜回所执行强制隔离戒毒的，强制隔离戒毒所应当向强制隔离戒毒决定机关提出变更为社区戒毒的建议，强制隔离戒毒决定机关应当自收到建议之日起七日内，作出是否批准的决定。经批准变更为社区戒毒的，已执行的强制隔离戒毒期限折抵社区戒毒期限。

第四十七条 强制隔离戒毒所使用麻醉药品和精神药品，应当按照规定向有关部门申请购买。需要对戒毒人员使用麻醉药品和精神药品的，由具有麻醉药品、精神药品处方权的执业医师按照有关技术规范开具处方，医护人员应当监督戒毒人员当面服药。

强制隔离戒毒所应当按照有关规定严格管理麻醉药品和精神药品，严禁违规使用，防止流入非法渠道。

第四十八条 强制隔离戒毒所应当建立卫生防疫制度，设置供戒毒人员沐浴、理发和洗晒被服的设施。对戒毒病区应当定期消毒，防止传染疫情发生。

第四十九条 强制隔离戒毒所可以与社会医疗机构开展多种形式的医疗合作，保证医疗质量。

第六章 教　育

第五十条 强制隔离戒毒所应当设立教室、心理咨询室、谈话教育室、娱乐活动室、技能培训室等教育、康复活动的功能用房。

第五十一条 强制隔离戒毒所应当建立民警与戒毒人员定期谈话制度。管教民警应当熟悉分管戒毒人员的基本情况，包括戒毒人员自然情况、社会关系、吸毒经历、思想动态和现实表现等。

第五十二条 强制隔离戒毒所应当对戒毒人员经常开展法制、禁毒宣传、艾滋病性病预防宣传等主题教育活动。

第五十三条 强制隔离戒毒所对戒毒人员的教育，可以采取集中授课、个别谈话、社会帮教、亲友规劝、现身说法等多种形式进行。强制隔离戒毒所可以邀请有关专家、学者、社会工作者以及戒毒成功人员协助开展教育工作。

第五十四条 强制隔离戒毒所应当制定奖励制度，鼓励、引导戒毒人员坦白、检举违法犯罪行为。

强制隔离戒毒所应当及时将戒毒人员提供的违法犯罪线索转递给侦查办案部门。办案部门应当及时进行查证并反馈查证情况。

强制隔离戒毒所应当对查证属实、有立功表现的戒毒人员予以奖励，并作为诊断评估的重要依据。

第五十五条 强制隔离戒毒所可以动员、劝导戒毒人员戒毒期满出所后进入戒毒康复场所康复，并提供便利条件。

第五十六条 强制隔离戒毒所应当积极联系劳动保障、教育等有关部门，向戒毒人员提供职业技术、文化教育培训。

第七章 康 复

第五十七条 强制隔离戒毒所应当组织戒毒人员开展文体活动，进行体能训练。一般情况下，每天进行不少于二小时的室外活动。

第五十八条 强制隔离戒毒所应当采取多种形式对戒毒人员进行心理康复训练。

第五十九条 强制隔离戒毒所可以根据戒毒需要和戒毒人员的身体状况组织戒毒人员参加康复劳动，康复劳动时间每天最长不得超过六小时。

强制隔离戒毒所不得强迫戒毒人员参加劳动。

第六十条 强制隔离戒毒所康复劳动场所和康复劳动项目应当符合国家相关规定，不得开展有碍于安全管理和戒毒人员身体康复的项目。

第六十一条 强制隔离戒毒所应当对戒毒人员康复劳动收入和支出建立专门账目，严格遵守财务制度，专款专用。戒毒人员康复劳动收入使用范围如下：

（一）支付戒毒人员劳动报酬；

（二）改善戒毒人员伙食及生活条件；

（三）购置劳保用品；

（四）其他必要开支。

第八章　出　所

第六十二条　对需要转至司法行政部门强制隔离戒毒所继续执行强制隔离戒毒的人员，公安机关应当与司法行政部门办理移交手续。

第六十三条　对外地戒毒人员，如其户籍地强制隔离戒毒所同意接收，强制隔离戒毒决定机关可以变更执行场所，将戒毒人员交付其户籍地强制隔离戒毒所执行并办理移交手续。

第六十四条　强制隔离戒毒所应当建立戒毒诊断评估工作小组，按照有关规定对戒毒人员的戒毒康复、现实表现、适应社会能力等情况作出综合评估。对转至司法行政部门继续执行的，强制隔离戒毒所应当将戒毒人员戒毒康复、日常行为考核等情况一并移交司法行政部门强制隔离戒毒所，并通报强制隔离戒毒决定机关。

第六十五条　戒毒人员被依法收监执行刑罚、采取强制性教育措施或者被依法拘留、逮捕的，强制隔离戒毒所应当根据有关法律文书，与相关部门办理移交手续，并通知强制隔离戒毒决定机关。监管场所、羁押场所应当给予必要的戒毒治疗。

刑罚执行完毕时、解除强制性教育措施时或者释放时强制隔离戒毒尚未期满的，继续执行强制隔离戒毒。

第六十六条　强制隔离戒毒所应当将戒毒人员以下信息录入全国禁毒信息管理系统，进行相应的信息维护：

（一）强制隔离戒毒期满出所的；

（二）转至司法行政部门强制隔离戒毒所继续执行的；

（三）转至司法行政部门强制隔离戒毒所不被接收的；

（四）所外就医的；

（五）变更为社区戒毒的；

（六）脱逃或者请假出所不归的；

（七）脱逃被追回后在其他强制隔离戒毒所执行的。

第六十七条　强制隔离戒毒所应当建立并妥善保管戒毒人员档案。档案内容包括：强制隔离戒毒决定书副本、行政复议或者诉讼结果文书、戒毒人员登记表、健康检查表、财物保管登记表、病历、奖惩情况记录、办案机关或者律师询问记录、诊断评估结果、探访与请假出所记录、出所凭证等在强制隔离戒毒期间产生的有关文书及图片。

戒毒人员死亡的，强制隔离戒毒所应当将《戒毒人员死亡鉴定书》和《戒毒人员死亡通知书》归入其档案。

除法律明确规定外，强制隔离戒毒所不得对外提供戒毒人员档案。

第九章　附　　则

第六十八条　对被处以行政拘留的吸毒成瘾人员，本级公安机关没有设立拘留所或者拘留所不具备戒毒治疗条件的，强制隔离戒毒所可以代为执行。

第六十九条　有条件的强制隔离戒毒所可以接收自愿戒毒人员。但应当建立专门的自愿戒毒区，并按照卫生行政部门关于自愿戒毒的规定管理自愿戒毒人员。

对自愿接受强制隔离戒毒的吸毒成瘾人员，强制隔离戒毒所应当与其就戒毒治疗期限、戒毒治疗措施等签订书面协议。

第七十条　强制隔离戒毒所实行等级化管理，具体办法由公安部另行制定。

第七十一条　本办法所称以上，均包括本数、本级。

第七十二条　强制隔离戒毒所的文书格式，由公安部统一制定。

第七十三条　本办法自公布之日起施行，公安部 2000 年 4 月 17 日发布施行的《强制戒毒所管理办法》同时废止。

司法行政机关强制隔离戒毒工作规定

（2013 年 4 月 3 日司法部令第 127 号公布 自 2013 年 6 月 1 日起施行）

第一章 总 则

第一条 为了规范司法行政机关强制隔离戒毒工作，帮助吸毒成瘾人员戒除毒瘾，维护社会秩序，根据《中华人民共和国禁毒法》、《戒毒条例》等法律法规和相关规定，制定本规定。

第二条 司法行政机关强制隔离戒毒工作应当遵循以人为本、科学戒毒、综合矫治、关怀救助的原则，教育和挽救吸毒成瘾人员。

第三条 司法行政机关强制隔离戒毒所对经公安机关作出强制隔离戒毒决定，在公安机关强制隔离戒毒场所执行三个月至六个月后，或者依据省、自治区、直辖市具体执行方案送交的强制隔离戒毒人员（以下简称“戒毒人员”），依法执行强制隔离戒毒。

第四条 从事强制隔离戒毒工作的人民警察应当严格、公正、廉洁、文明执法，尊重戒毒人员人格，保障其合法权益。

第五条 司法行政机关强制隔离戒毒工作所需经费，按照国家规定的标准纳入当地政府财政预算。

第二章 场所设置

第六条 设置司法行政机关强制隔离戒毒所，应当符合司法部的规划，经省、自治区、直辖市司法厅（局）审核，由省级人民政府批准，并报司法部备案。

具备条件的地方，应当单独设置收治女性戒毒人员的强制隔离戒毒所和收治未成年戒毒人员的强制隔离戒毒所。

第七条 强制隔离戒毒所以其所在地地名加“强制隔离戒毒所”

命名，同一地域有多个强制隔离戒毒所的，可以采取其他方式命名。

专门收治女性戒毒人员的强制隔离戒毒所名称，为地名后加“女子强制隔离戒毒所”；专门收治未成年人的强制隔离戒毒所名称，为地名后加“未成年人强制隔离戒毒所”。

第八条 强制隔离戒毒所设所长一人、政治委员一人、副所长若干人，设置职能机构和戒毒大队，根据收治规模配备从事管教、医疗和后勤保障的工作人员。

第九条 强制隔离戒毒所设置医疗机构，接受卫生行政部门对医疗工作的指导和监督。

第十条 强制隔离戒毒所工作人员享受国家规定的工资福利待遇及保险。

第三章 接 收

第十一条 强制隔离戒毒所根据县级以上人民政府公安机关强制隔离戒毒决定书接收戒毒人员。

第十二条 强制隔离戒毒所接收戒毒人员时，应当核对戒毒人员身份，进行必要的健康检查，填写强制隔离戒毒人员入所健康状况检查表。

戒毒人员身体有伤的，强制隔离戒毒所应当予以记录，由移送的公安机关工作人员和戒毒人员本人签字确认。

对女性戒毒人员应当进行妊娠检测。对怀孕或者正在哺乳自己不满一周岁婴儿的妇女，不予接收。

第十三条 强制隔离戒毒所应当对接收的戒毒人员的身体和携带物品进行检查，依法处理违禁品，对生活必需品以外的其他物品进行登记并由戒毒人员本人签字，由其指定的近亲属领回或者由强制隔离戒毒所代为保管。检查时应当有两名以上人民警察在场。

女性戒毒人员的身体检查，应当由女性人民警察进行。

第十四条 强制隔离戒毒所接收戒毒人员，应当填写强制隔离戒毒人员入所登记表，查收戒毒人员在公安机关强制隔离戒毒期间的相关材料。

第十五条 戒毒人员入所后，强制隔离戒毒所应当书面通知其家属，通知书应当自戒毒人员入所之日起五日内发出。

第四章 管 理

第十六条 强制隔离戒毒所应当根据性别、年龄、患病等情况，对戒毒人员实行分别管理；根据戒毒治疗情况，对戒毒人员实行分期管理；根据戒毒人员表现，实行逐步适应社会的分级管理。

第十七条 强制隔离戒毒所人民警察对戒毒人员实行直接管理，严禁由其他人员代行管理职权。

女性戒毒人员由女性人民警察直接管理。

第十八条 强制隔离戒毒所应当建立安全管理制度，进行安全检查，及时发现和消除安全隐患。

强制隔离戒毒所应当制定突发事件应急预案，并定期演练。

第十九条 强制隔离戒毒所应当安装监控、应急报警、门禁检查和违禁品检测等安全技防系统，按照规定保存监控录像和有关信息资料。

强制隔离戒毒所应当安排专门人民警察负责强制隔离戒毒所的安全警戒工作。

第二十条 对强制隔离戒毒所以外的人员交给戒毒人员的物品和邮件，强制隔离戒毒所应当进行检查，防止夹带毒品及其他违禁品。检查时，应当有两名以上人民警察在场。

检查邮件时，应当依法保护戒毒人员的通信自由和通信秘密。

第二十一条 经强制隔离戒毒所批准，戒毒人员可以使用指定的固定电话与其亲属、监护人或者所在单位、就读学校有关人员通话。

戒毒人员在所内不得持有、使用移动通讯设备。

第二十二条 戒毒人员的亲属和所在单位或者就读学校的工作人员，可以按照强制隔离戒毒所探访规定探访戒毒人员。

强制隔离戒毒所应当检查探访人员身份证件，对身份不明或者无法核实的不允许探访。

对正被采取保护性约束措施或者正处于单独管理期间的戒毒人

员，不予安排探访。

第二十三条 探访应当在探访室进行。探访人员应当遵守探访规定；探访人员违反规定经劝阻无效的，可以终止其探访。

探访人员交给戒毒人员物品须经批准，并由人民警察当面检查；交给戒毒人员现金的，应当存入戒毒人员所内个人账户；发现探访人员利用探访传递毒品的，应当移交公安机关依法处理；发现探访人员利用探访传递其他违禁品的，应当依照有关规定处理。

第二十四条 戒毒人员因配偶、直系亲属病危、死亡或者家庭有其他重大变故，可以申请外出探视。申请外出探视须有医疗单位、戒毒人员户籍所在地或者现居住地公安派出所、原单位或者街道（乡、镇）的证明材料。

除前款规定外，强制隔离戒毒所可以批准戒治效果好的戒毒人员外出探视其配偶、直系亲属。

第二十五条 强制隔离戒毒所批准戒毒人员外出探视的，应当发给戒毒人员外出探视证明。戒毒人员外出探视及在途时间不得超过十日。对非因不可抗力逾期不归的戒毒人员，视作脱逃处理。

第二十六条 戒毒人员外出探视回所后，强制隔离戒毒所应当对其进行检测。发现重新吸毒的，不得报请提前解除强制隔离戒毒。

第二十七条 对有下列情形之一的戒毒人员，应当根据不同情节分别给予警告、训诫、责令具结悔过：

（一）违反戒毒人员行为规范、不遵守强制隔离戒毒所纪律，经教育不改正的；

（二）欺侮、殴打、虐待其他戒毒人员的；

（三）隐匿违禁品的；

（四）交流吸毒信息、传授犯罪方法的。

对戒毒人员处以警告、训诫和责令具结悔过，由戒毒大队决定并执行。

第二十八条 对有严重扰乱所内秩序、私藏或者吸食、注射毒品、预谋或者实施脱逃、行凶、自杀、自伤、自残等行为以及涉嫌犯罪应当移送司法机关处理的戒毒人员，强制隔离戒毒所应当对其实行单独管理。

单独管理应当经强制隔离戒毒所负责人批准。在紧急情况下，可以先行采取单独管理措施，并在二十四小时内补办审批手续。

对单独管理的戒毒人员，应当安排人民警察专门管理。一次单独管理的时间不得超过五日。单独管理不得连续使用。

第二十九条 对私藏或者吸食、注射毒品的戒毒人员，不得报请提前解除强制隔离戒毒，并应当在期满前诊断评估时，作为延长强制隔离戒毒期限的依据；涉嫌犯罪的，应当依法追究刑事责任。

第三十条 遇有戒毒人员脱逃、暴力袭击他人等危险行为，强制隔离戒毒所人民警察可以依法使用警械予以制止。警械使用情况，应当记录在案。

第三十一条 戒毒人员脱逃的，强制隔离戒毒所应当立即通知当地公安机关，并配合公安机关追回脱逃人员。被追回的戒毒人员应当继续执行强制隔离戒毒，脱逃期间不计入强制隔离戒毒期限。对被追回的戒毒人员不得报请提前解除强制隔离戒毒。

第三十二条 戒毒人员提出申诉、检举、揭发、控告的，强制隔离戒毒所应当及时依法处理；对强制隔离戒毒决定不服提起行政复议或者行政诉讼的，强制隔离戒毒所应当将有关材料登记后及时转送有关部门。

第三十三条 强制隔离戒毒所工作人员因工作失职致使毒品等违禁品进入强制隔离戒毒所，违反规定允许戒毒人员携带、使用或者为其传递毒品等违禁品的，应当依法给予处分；涉嫌犯罪的，应当依法追究刑事责任。

进入强制隔离戒毒所的其他人员为戒毒人员传递毒品的，应当移交司法机关依法处理。

第五章 治疗康复

第三十四条 强制隔离戒毒所应当根据戒毒人员吸食、注射毒品的种类、成瘾程度和戒断症状等进行有针对性的生理治疗、心理治疗和身体康复训练。

对公安机关强制隔离戒毒所移送的戒毒人员，应当做好戒毒治疗的衔接工作。

第三十五条 对戒毒人员进行戒毒治疗，应当采用科学、规范的诊疗技术和方法，使用符合国家有关规定的药物、医疗器械。戒毒治疗使用的麻醉药品和精神药品应当按照规定申请购买并严格管理，使用时须由具有麻醉药品、精神药品处方权的医师按照有关技术规范开具处方。

禁止以戒毒人员为对象进行戒毒药物试验。

第三十六条 强制隔离戒毒所应当定期对戒毒人员进行身体检查。对患有疾病的戒毒人员，应当及时治疗。对患有传染病的戒毒人员，应当按照国家有关规定采取必要的隔离治疗措施。

第三十七条 戒毒人员患有严重疾病，不出所治疗可能危及生命的，凭所内医疗机构或者二级以上医院出具的诊断证明，经强制隔离戒毒所所在省、自治区、直辖市司法行政机关戒毒管理部门批准，报强制隔离戒毒决定机关备案，强制隔离戒毒所可以允许其所外就医，并发给所外就医证明。

第三十八条 戒毒人员所外就医期间，强制隔离戒毒期限连续计算。对于健康状况不再适宜回所执行强制隔离戒毒的，强制隔离戒毒所应当向强制隔离戒毒决定机关提出变更为社区戒毒的建议，同时报强制隔离戒毒所所在省、自治区、直辖市司法行政机关戒毒管理部门备案。

第三十九条 强制隔离戒毒所应当建立戒毒人员心理健康档案，开展心理健康教育，提供心理咨询，对戒毒人员进行心理治疗；对心理状态严重异常或者有行凶、自伤、自残等危险倾向的戒毒人员应当实施心理危机干预。

第四十条 对可能发生自伤、自残等情形的戒毒人员使用保护性约束措施应当经强制隔离戒毒所负责人批准。采取保护性约束措施应当遵守有关医疗规范。

对被采取保护性约束措施的戒毒人员，人民警察和医护人员应当密切观察；可能发生自伤、自残等情形消除后，应当及时解除保护性约束措施。

第四十一条 强制隔离戒毒所可以与社会医疗机构开展医疗合

作，提高戒毒治疗水平和医疗质量。

第四十二条 强制隔离戒毒所应当通过组织体育锻炼、娱乐活动、生活技能培训等方式对戒毒人员进行身体康复训练，帮助戒毒人员恢复身体机能、增强体能。

第四十三条 强制隔离戒毒所根据戒毒的需要，可以组织有劳动能力的戒毒人员参加必要的生产劳动。

组织戒毒人员参加生产劳动的，应当支付劳动报酬。戒毒人员劳动时间每周不超过五天，每天不超过六小时。法定节假日不得安排戒毒人员参加生产劳动。

第四十四条 强制隔离戒毒所应当建立安全生产管理制度，对参加生产劳动的戒毒人员进行安全生产教育，提供必要的劳动防护用品。生产劳动场地和劳动项目应当符合安全生产管理的有关规定，不得引进易燃、易爆等危险生产项目，不得组织戒毒人员从事有碍身体康复的劳动。

第六章 教 育

第四十五条 强制隔离戒毒所应当对新接收的戒毒人员进行时间不少于一个月的入所教育，教育内容包括强制隔离戒毒有关法律法规、所规所纪、戒毒人员权利义务等。

第四十六条 强制隔离戒毒所应当采取课堂教学的方式，对戒毒人员集中进行卫生、法制、道德和形势政策等教育。

第四十七条 强制隔离戒毒所应当对戒毒人员开展有针对性的个别教育。戒毒大队人民警察应当熟悉分管戒毒人员的基本情况，掌握思想动态，对分管的每名戒毒人员每月至少进行一次个别谈话。戒毒人员有严重思想、情绪波动的，应当及时进行谈话疏导。

第四十八条 强制隔离戒毒所应当开展戒毒文化建设，运用影视、广播、展览、文艺演出、图书、报刊、宣传栏和所内局域网等文化载体，活跃戒毒人员文化生活，丰富教育形式。

第四十九条 强制隔离戒毒所应当加强同当地有关部门和单位的联系，通过签订帮教协议、来所开展帮教等形式，做好戒毒人员的教育工作。

强制隔离戒毒所可以邀请有关专家、学者、社会工作者、志愿人员以及戒毒成功人员协助开展教育工作。对协助教育有显著成绩和突出贡献的，应当予以表彰、奖励。

第五十条 强制隔离戒毒所应当协调人力资源社会保障部门，对戒毒人员进行职业技能培训和职业技能鉴定；职业技能鉴定合格的，颁发相应的职业资格证书。

第五十一条 强制隔离戒毒所应当在戒毒人员出所前进行回归社会教育，教育时间不少于一周。

强制隔离戒毒所可以安排戒毒人员到戒毒康复场所及戒毒药物维持治疗场所参观、体验，开展戒毒康复、戒毒药物维持治疗相关知识的宣传教育，为解除强制隔离戒毒后自愿进入戒毒康复场所康复或者参加戒毒药物维持治疗的戒毒人员提供便利。

第七章 生活卫生

第五十二条 强制隔离戒毒所应当按规定设置戒毒人员生活设施。戒毒人员宿舍应当坚固安全、通风明亮，配备必要的生活用品。戒毒人员的生活环境应当绿化美化。

第五十三条 强制隔离戒毒所应当保持戒毒人员生活区整洁，定期组织戒毒人员理发、洗澡、晾晒被褥，保持其个人卫生。

强制隔离戒毒所应当统一戒毒人员的着装。

第五十四条 强制隔离戒毒所应当保证戒毒人员的伙食供应不低于规定标准。戒毒人员伙食经费不得挪作他用。戒毒人员食堂应当按月公布伙食账目。

对正在进行脱毒治疗和患病的戒毒人员在伙食上应当给予适当照顾。对少数民族戒毒人员，应当尊重其饮食习惯。

第五十五条 强制隔离戒毒所应当保证戒毒人员的饮食安全。食堂管理人员和炊事人员应当取得卫生行政主管部门颁发的健康证明，每半年进行一次健康检查，健康检查不合格的应当及时予以调整。

戒毒人员食堂实行四十八小时食品留样制度。

第五十六条 戒毒人员可以在所内商店购买日常用品。所内商店出售商品应当价格合理，明码标价，禁止出售过期、变质商品。

强制隔离戒毒所应当对所内商店采购的商品进行检查，防止违禁品流入。

第五十七条 强制隔离戒毒所应当做好疾病预防控制工作。发生传染病疫情，应当按规定及时报告主管机关和当地疾病预防控制部门，并采取相应的防治措施。

第八章　解　除

第五十八条 强制隔离戒毒所应当按照有关规定对戒毒人员进行诊断评估。对强制隔离戒毒期限届满且经诊断评估达到规定标准的戒毒人员，应当解除强制隔离戒毒。

经诊断评估，对符合规定条件的戒毒人员，强制隔离戒毒所可以提出提前解除强制隔离戒毒的意见或者延长强制隔离戒毒期限的意见，并按规定程序报强制隔离戒毒决定机关批准。强制隔离戒毒所收到强制隔离戒毒决定机关出具的提前解除强制隔离戒毒决定书或者延长强制隔离戒毒期限决定书的，应当及时送达戒毒人员。

第五十九条 强制隔离戒毒所应当在解除强制隔离戒毒三日前通知强制隔离戒毒决定机关，同时通知戒毒人员家属、所在单位、户籍所在地或者现居住地公安派出所将其按期领回。戒毒人员出所时无人领回，自行离所的，强制隔离戒毒所应当及时通知强制隔离戒毒决定机关。

对解除强制隔离戒毒的所外就医人员，强制隔离戒毒所应当及时通知其来所办理解除强制隔离戒毒手续。

第六十条 解除强制隔离戒毒的，强制隔离戒毒所应当向戒毒人员出具解除强制隔离戒毒证明书，同时发还代管财物。

第六十一条 戒毒人员被依法收监执行刑罚或者依法拘留、逮捕的，强制隔离戒毒所应当根据有关法律文书，与相关部门办理移交手续，并通知强制隔离戒毒决定机关；戒毒人员被依法释放时强制隔离戒毒尚未期满的，继续执行强制隔离戒毒。

第六十二条 戒毒人员在强制隔离戒毒所内死亡的，强制隔离戒毒所应当立即报告所属主管机关，通知其家属、强制隔离戒毒决定机关和当地人民检察院。戒毒人员家属对死亡原因有疑义的，可以委托有关部门作出鉴定。其他善后事宜依照国家有关规定处理。

第六十三条 强制隔离戒毒所应当妥善保管戒毒人员档案。档案内容包括：强制隔离戒毒决定书、强制隔离戒毒人员入所登记表、强制隔离戒毒人员入所健康状况检查表、财物保管登记表、病历、心理健康档案、诊断评估结果、提前解除强制隔离戒毒决定书或者延长强制隔离戒毒期限决定书、解除强制隔离戒毒证明书以及在强制隔离戒毒期间产生的重要文书、视听资料。

除法律明确规定外，强制隔离戒毒所不得对外提供戒毒人员档案信息。

第九章 附 则

第六十四条 吸毒成瘾人员自愿接受强制隔离戒毒的，应当凭强制隔离戒毒所所在地公安机关的书面同意意见，向强制隔离戒毒所提出申请。强制隔离戒毒所同意接收的，应当与其就戒毒治疗期限、戒毒治疗措施、权利义务等事项签订书面协议；协议未约定的，参照本规定有关规定执行。

第六十五条 本规定自2013年6月1日起施行。

公安部关于执行《中华人民共和国禁毒法》有关问题的批复

（2008年12月23日 公复字〔2008〕7号）

北京市公安局：

你局《关于执行中华人民共和国禁毒法有关问题的请示》（京公法字〔2008〕1349号）收悉。现批复如下：

一、对吸食、注射毒品人员，无论成瘾与否，应当根据《中华人民共和国治安管理处罚法》第七十二条的规定，予以治安管理处罚。但是，吸毒人员主动到公安机关登记或者到有资质的医疗机构接受戒毒治疗的，不予处罚。

二、《中华人民共和国禁毒法》规定的社区戒毒、强制隔离戒毒措施不是行政处罚，而是一种强制性的戒毒治疗措施。对吸毒成瘾人员，公安机关可以同时依法决定予以治安管理处罚和社区戒毒或者强制隔离戒毒。

三、对于同时被决定行政拘留和社区戒毒或者强制隔离戒毒的吸毒成瘾人员，且不属于《中华人民共和国治安管理处罚法》第二十一条规定情形的，应当先执行行政拘留，再执行社区戒毒或者强制隔离戒毒，行政拘留的期限不计入社区戒毒或者强制隔离戒毒的期限。拘留所不具备戒毒治疗条件的，可由公安机关管理的强制隔离戒毒所代为执行行政拘留。

最高人民法院关于审理毒品犯罪案件适用法律若干问题的解释

（2016年1月25日最高人民法院审判委员会第1676次会议通过　2016年4月6日最高人民法院公告公布　自2016年4月11日起施行　法释〔2016〕8号）

为依法惩治毒品犯罪，根据《中华人民共和国刑法》的有关规定，现就审理此类刑事案件适用法律的若干问题解释如下：

第一条　走私、贩卖、运输、制造、非法持有下列毒品，应当认定为刑法第三百四十七条第二款第一项、第三百四十八条规定的“其他毒品数量大”：

（一）可卡因五十克以上；

（二）3，4-亚甲二氧基甲基苯丙胺（MDMA）等苯丙胺类毒品（甲基苯丙胺除外）、吗啡一百克以上；

（三）芬太尼一百二十五克以上；

（四）甲卡西酮二百克以上；

（五）二氢埃托啡十毫克以上；

（六）哌替啶（度冷丁）二百五十克以上；

（七）氯胺酮五百克以上；

（八）美沙酮一千克以上；

（九）曲马多、γ-羟丁酸二千克以上；

（十）大麻油五千克、大麻脂十千克、大麻叶及大麻烟一百五十千克以上；

（十一）可待因、丁丙诺啡五千克以上；

（十二）三唑仑、安眠酮五十千克以上；

（十三）阿普唑仑、恰特草一百千克以上；

（十四）咖啡因、罂粟壳二百千克以上；

（十五）巴比妥、苯巴比妥、安钠咖、尼美西泮二百五十千克以上；

（十六）氯氮卓、艾司唑仑、地西泮、溴西泮五百千克以上；

（十七）上述毒品以外的其他毒品数量大的。

国家定点生产企业按照标准规格生产的麻醉药品或者精神药品被用于毒品犯罪的，根据药品中毒品成分的含量认定涉案毒品数量。

第二条 走私、贩卖、运输、制造、非法持有下列毒品，应当认定为刑法第三百四十七条第三款、第三百四十八条规定的“其他毒品数量较大”：

（一）可卡因十克以上不满五十克；

（二）3，4-亚甲二氧基甲基苯丙胺（MDMA）等苯丙胺类毒品（甲基苯丙胺除外）、吗啡二十克以上不满一百克；

（三）芬太尼二十五克以上不满一百二十五克；

（四）甲卡西酮四十克以上不满二百克；

（五）二氢埃托啡二毫克以上不满十毫克；

（六）哌替啶（度冷丁）五十克以上不满二百五十克；

（七）氯胺酮一百克以上不满五百克；

（八）美沙酮二百克以上不满一千克；

（九）曲马多、γ－羟丁酸四百克以上不满二千克；

（十）大麻油一千克以上不满五千克、大麻脂二千克以上不满十千克、大麻叶及大麻烟三十千克以上不满一百五十千克；

（十一）可待因、丁丙诺啡一千克以上不满五千克；

（十二）三唑仑、安眠酮十千克以上不满五十千克；

（十三）阿普唑仑、恰特草二十千克以上不满一百千克；

（十四）咖啡因、罂粟壳四十千克以上不满二百千克；

（十五）巴比妥、苯巴比妥、安钠咖、尼美西泮五十千克以上不满二百五十千克；

（十六）氯氮卓、艾司唑仑、地西泮、溴西泮一百千克以上不满五百千克；

（十七）上述毒品以外的其他毒品数量较大的。

第三条 在实施走私、贩卖、运输、制造毒品犯罪的过程中，携带枪支、弹药或者爆炸物用于掩护的，应当认定为刑法第三百四十七条第二款第三项规定的“武装掩护走私、贩卖、运输、制造毒品”。枪支、弹药、爆炸物种类的认定，依照相关司法解释的规定执行。

在实施走私、贩卖、运输、制造毒品犯罪的过程中，以暴力抗拒检查、拘留、逮捕，造成执法人员死亡、重伤、多人轻伤或者具有其他严重情节的，应当认定为刑法第三百四十七条第二款第四项规定的“以暴力抗拒检查、拘留、逮捕，情节严重”。

第四条 走私、贩卖、运输、制造毒品，具有下列情形之一的，应当认定为刑法第三百四十七条第四款规定的“情节严重”：

（一）向多人贩卖毒品或者多次走私、贩卖、运输、制造毒品的；

（二）在戒毒场所、监管场所贩卖毒品的；

（三）向在校学生贩卖毒品的；

（四）组织、利用残疾人、严重疾病患者、怀孕或者正在哺乳自己婴儿的妇女走私、贩卖、运输、制造毒品的；

（五）国家工作人员走私、贩卖、运输、制造毒品的；

（六）其他情节严重的情形。

第五条 非法持有毒品达到刑法第三百四十八条或者本解释第二条规定的“数量较大”标准，且具有下列情形之一的，应当认定为刑法第三百四十八条规定的“情节严重”：

（一）在戒毒场所、监管场所非法持有毒品的；

（二）利用、教唆未成年人非法持有毒品的；

（三）国家工作人员非法持有毒品的；

（四）其他情节严重的情形。

第六条 包庇走私、贩卖、运输、制造毒品的犯罪分子，具有下列情形之一的，应当认定为刑法第三百四十九条第一款规定的“情节严重”：

（一）被包庇的犯罪分子依法应当判处十五年有期徒刑以上刑罚的；

（二）包庇多名或者多次包庇走私、贩卖、运输、制造毒品的犯罪分子的；

（三）严重妨害司法机关对被包庇的犯罪分子实施的毒品犯罪进行追究的；

（四）其他情节严重的情形。

为走私、贩卖、运输、制造毒品的犯罪分子窝藏、转移、隐瞒毒品或者毒品犯罪所得的财物，具有下列情形之一的，应当认定为刑法第三百四十九条第一款规定的“情节严重”：

（一）为犯罪分子窝藏、转移、隐瞒毒品达到刑法第三百四十七条第二款第一项或者本解释第一条第一款规定的“数量大”标准的；

（二）为犯罪分子窝藏、转移、隐瞒毒品犯罪所得的财物价值达到五万元以上的；

（三）为多人或者多次为他人窝藏、转移、隐瞒毒品或者毒品犯罪所得的财物的；

（四）严重妨害司法机关对该犯罪分子实施的毒品犯罪进行追究的；

（五）其他情节严重的情形。

包庇走私、贩卖、运输、制造毒品的近亲属，或者为其窝藏、转移、隐瞒毒品或者毒品犯罪所得的财物，不具有本条前两款规定的“情节严重”情形，归案后认罪、悔罪、积极退赃，且系初犯、偶犯，犯罪情节轻微不需要判处刑罚的，可以免予刑事处罚。

第七条 违反国家规定，非法生产、买卖、运输制毒物品、走私制毒物品，达到下列数量标准的，应当认定为刑法第三百五十条第一款规定的“情节较重”：

（一）麻黄碱（麻黄素）、伪麻黄碱（伪麻黄素）、消旋麻黄碱（消旋麻黄素）一千克以上不满五千克；

（二）1－苯基－2－丙酮、1－苯基－2－溴－1－丙酮、3，4－亚甲基二氧苯基－2－丙酮、羟亚胺二千克以上不满十千克；

（三）3－氧－2－苯基丁腈、邻氯苯基环戊酮、去甲麻黄碱（去甲麻黄素）、甲基麻黄碱（甲基麻黄素）四千克以上不满二十千克；

（四）醋酸酐十千克以上不满五十千克；

（五）麻黄浸膏、麻黄浸膏粉、胡椒醛、黄樟素、黄樟油、异黄樟素、麦角酸、麦角胺、麦角新碱、苯乙酸二十千克以上不满一百千克；

（六）N－乙酰邻氨基苯酸、邻氨基苯甲酸、三氯甲烷、乙醚、哌啶五十千克以上不满二百五十千克；

（七）甲苯、丙酮、甲基乙基酮、高锰酸钾、硫酸、盐酸一百千克以上不满五百千克；

（八）其他制毒物品数量相当的。

违反国家规定，非法生产、买卖、运输制毒物品、走私制毒物品，达到前款规定的数量标准最低值的百分之五十，且具有下列情形之一的，应当认定为刑法第三百五十条第一款规定的“情节较重”：

（一）曾因非法生产、买卖、运输制毒物品、走私制毒物品受过刑事处罚的；

（二）二年内曾因非法生产、买卖、运输制毒物品、走私制毒物品受过行政处罚的；

（三）一次组织五人以上或者多次非法生产、买卖、运输制毒物品、走私制毒物品，或者在多个地点非法生产制毒物品的；

（四）利用、教唆未成年人非法生产、买卖、运输制毒物品、走私制毒物品的；

（五）国家工作人员非法生产、买卖、运输制毒物品、走私制毒物品的；

（六）严重影响群众正常生产、生活秩序的；

（七）其他情节较重的情形。

易制毒化学品生产、经营、购买、运输单位或者个人未办理许可证明或者备案证明，生产、销售、购买、运输易制毒化学品，确实用于合法生产、生活需要的，不以制毒物品犯罪论处。

第八条 违反国家规定，非法生产、买卖、运输制毒物品、走私制毒物品，具有下列情形之一的，应当认定为刑法第三百五十条第一款规定的“情节严重”：

（一）制毒物品数量在本解释第七条第一款规定的最高数量标准以上，不满最高数量标准五倍的；

（二）达到本解释第七条第一款规定的数量标准，且具有本解释第七条第二款第三项至第六项规定的情形之一的；

（三）其他情节严重的情形。

违反国家规定，非法生产、买卖、运输制毒物品、走私制毒物品，具有下列情形之一的，应当认定为刑法第三百五十条第一款规定的“情节特别严重”：

（一）制毒物品数量在本解释第七条第一款规定的最高数量标准五倍以上的；

（二）达到前款第一项规定的数量标准，且具有本解释第七条第二款第三项至第六项规定的情形之一的；

（三）其他情节特别严重的情形。

第九条 非法种植毒品原植物，具有下列情形之一的，应当认定为刑法第三百五十一条第一款第一项规定的“数量较大”：

（一）非法种植大麻五千株以上不满三万株的；

（二）非法种植罂粟二百平方米以上不满一千二百平方米、大麻二千平方米以上不满一万二千平方米，尚未出苗的；

（三）非法种植其他毒品原植物数量较大的。

非法种植毒品原植物，达到前款规定的最高数量标准的，应当认定为刑法第三百五十一条第二款规定的“数量大”。

第十条 非法买卖、运输、携带、持有未经灭活的毒品原植物种子或者幼苗，具有下列情形之一的，应当认定为刑法第三百五十二条规定的“数量较大”：

（一）罂粟种子五十克以上、罂粟幼苗五千株以上的；

（二）大麻种子五十千克以上、大麻幼苗五万株以上的；

（三）其他毒品原植物种子或者幼苗数量较大的。

第十一条 引诱、教唆、欺骗他人吸食、注射毒品，具有下列情形之一的，应当认定为刑法第三百五十三条第一款规定的“情节严重”：

（一）引诱、教唆、欺骗多人或者多次引诱、教唆、欺骗他人吸食、注射毒品的；

（二）对他人身体健康造成严重危害的；

（三）导致他人实施故意杀人、故意伤害、交通肇事等犯罪行为的；

（四）国家工作人员引诱、教唆、欺骗他人吸食、注射毒品的；

（五）其他情节严重的情形。

第十二条 容留他人吸食、注射毒品，具有下列情形之一的，应当依照刑法第三百五十四条的规定，以容留他人吸毒罪定罪处罚：

（一）一次容留多人吸食、注射毒品的；

（二）二年内多次容留他人吸食、注射毒品的；

（三）二年内曾因容留他人吸食、注射毒品受过行政处罚的；

（四）容留未成年人吸食、注射毒品的；

（五）以牟利为目的容留他人吸食、注射毒品的；

（六）容留他人吸食、注射毒品造成严重后果的；

（七）其他应当追究刑事责任的情形。

向他人贩卖毒品后又容留其吸食、注射毒品，或者容留他人吸食、注射毒品并向其贩卖毒品，符合前款规定的容留他人吸毒罪的定罪条件的，以贩卖毒品罪和容留他人吸毒罪数罪并罚。

容留近亲属吸食、注射毒品，情节显著轻微危害不大的，不作为犯罪处理；需要追究刑事责任的，可以酌情从宽处罚。

第十三条 依法从事生产、运输、管理、使用国家管制的麻醉药品、精神药品的人员，违反国家规定，向吸食、注射毒品的人提供国家规定管制的能够使人形成瘾癖的麻醉药品、精神药品，具有下列情形之一的，应当依照刑法第三百五十五条第一款的规定，以非法提供麻醉药品、精神药品罪定罪处罚：

（一）非法提供麻醉药品、精神药品达到刑法第三百四十七条第三款或者本解释第二条规定的“数量较大”标准最低值的百分之五十，不满“数量较大”标准的；

（二）二年内曾因非法提供麻醉药品、精神药品受过行政处罚的；

（三）向多人或者多次非法提供麻醉药品、精神药品的；

（四）向吸食、注射毒品的未成年人非法提供麻醉药品、精神药品的；

（五）非法提供麻醉药品、精神药品造成严重后果的；

（六）其他应当追究刑事责任的情形。

具有下列情形之一的，应当认定为刑法第三百五十五条第一款规定的“情节严重”：

（一）非法提供麻醉药品、精神药品达到刑法第三百四十七条第三款或者本解释第二条规定的“数量较大”标准的；

（二）非法提供麻醉药品、精神药品达到前款第一项规定的数量标准，且具有前款第三项至第五项规定的情形之一的；

（三）其他情节严重的情形。

第十四条 利用信息网络，设立用于实施传授制造毒品、非法生产制毒物品的方法，贩卖毒品，非法买卖制毒物品或者组织他人吸食、注射毒品等违法犯罪活动的网站、通讯群组，或者发布实施前述违法犯罪活动的信息，情节严重的，应当依照刑法第二百八十七条之一的规定，以非法利用信息网络罪定罪处罚。

实施刑法第二百八十七条之一、第二百八十七条之二规定的行为，同时构成贩卖毒品罪、非法买卖制毒物品罪、传授犯罪方法罪等犯罪的，依照处罚较重的规定定罪处罚。

第十五条 本解释自2016年4月11日起施行。《最高人民法院关于审理毒品案件定罪量刑标准有关问题的解释》（法释〔2000〕13号）同时废止；之前发布的司法解释和规范性文件与本解释不一致的，以本解释为准。

最高人民法院、最高人民检察院、公安部关于办理毒品犯罪案件适用法律若干问题的意见

（2007年12月18日　公通字〔2007〕84号）

一、关于毒品犯罪案件的管辖问题

根据刑事诉讼法的规定，毒品犯罪案件的地域管辖，应当坚持以犯罪地管辖为主、被告人居住地管辖为辅的原则。

“犯罪地”包括犯罪预谋地，毒资筹集地，交易进行地，毒品生产地，毒资、毒赃和毒品的藏匿地、转移地，走私或者贩运毒品的目的地以及犯罪嫌疑人被抓获地等。

“被告人居住地”包括被告人常住地、户籍地及其临时居住地。

对怀孕、哺乳期妇女走私、贩卖、运输毒品案件，查获地公安机关认为移交其居住地管辖更有利于采取强制措施和查清犯罪事实的，可以报请共同的上级公安机关批准，移送犯罪嫌疑人居住地公安机关办理，查获地公安机关应继续配合。

公安机关对侦办跨区域毒品犯罪案件的管辖权有争议的，应本着有利于查清犯罪事实，有利于诉讼，有利于保障案件侦查安全的原则，认真协商解决。经协商无法达成一致的，报共同的上级公安机关指定管辖。对即将侦查终结的跨省（自治区、直辖市）重大毒品案件，必要时可由公安部商最高人民法院和最高人民检察院指定管辖。

为保证及时结案，避免超期羁押，人民检察院对于公安机关移送审查起诉的案件，人民法院对于已进入审判程序的案件，被告人及其辩护人提出管辖异议或者办案单位发现没有管辖权的，受案人

民检察院、人民法院经审可以依法报请上级人民检察院、人民法院指定管辖，不再自行移送有管辖权的人民检察院、人民法院。

二、关于毒品犯罪嫌疑人、被告人主观明知的认定问题

走私、贩卖、运输、非法持有毒品主观故意中的“明知”，是指行为人知道或者应当知道所实施的行为是走私、贩卖、运输、非法持有毒品行为。具有下列情形之一，并且犯罪嫌疑人、被告人不能做出合理解释的，可以认定其“应当知道”，但有证据证明确属被蒙骗的除外：

（一）执法人员在口岸、机场、车站、港口和其他检查站检查时，要求行为人申报为他人携带的物品和其他疑似毒品物，并告知其法律责任，而行为人未如实申报，在其所携带的物品内查获毒品的；

（二）以伪报、藏匿、伪装等蒙蔽手段逃避海关、边防等检查，在其携带、运输、邮寄的物品中查获毒品的；

（三）执法人员检查时，有逃跑、丢弃携带物品或逃避、抗拒检查等行为，在其携带或丢弃的物品中查获毒品的；

（四）体内藏匿毒品的；

（五）为获取不同寻常的高额或不等值的报酬而携带、运输毒品的；

（六）采用高度隐蔽的方式携带、运输毒品的；

（七）采用高度隐蔽的方式交接毒品，明显违背合法物品惯常交接方式的；

（八）其他有证据足以证明行为人应当知道的。

三、关于办理氯胺酮等毒品案件定罪量刑标准问题

（一）走私、贩卖、运输、制造、非法持有下列毒品，应当认定为刑法第三百四十七条第二款第（一）项、第三百四十八条规定的“其他毒品数量大”：

1. 二亚甲基双氧安非他明（MDMA）等苯丙胺类毒品（甲基苯丙胺除外）100 克以上；

2. 氯胺酮、美沙酮 1 千克以上；

3. 三唑仑、安眠酮 50 千克以上；

4. 氯氮卓、艾司唑仑、地西泮、溴西泮 500 千克以上；

5. 上述毒品以外的其他毒品数量大的。

（二）走私、贩卖、运输、制造、非法持有下列毒品，应当认定为刑法第三百四十七条第三款、第三百四十八条规定的“其他毒品数量较大”：

1. 二亚甲基双氧安非他明（MDMA）等苯丙胺类毒品（甲基苯丙胺除外）20 克以上不满 100 克的；

2. 氯胺酮、美沙酮 200 克以上不满 1 千克的；

3. 三唑仑、安眠酮 10 千克以上不满 50 千克的；

4. 氯氮卓、艾司唑仑、地西泮、溴西泮 100 千克以上不满 500 千克的；

5. 上述毒品以外的其他毒品数量较大的。

（三）走私、贩卖、运输、制造下列毒品，应当认定为刑法第三百四十七条第四款规定的“其他少量毒品”：

1. 二亚甲基双氧安非他明（MDMA）等苯丙胺类毒品（甲基苯丙胺除外）不满 20 克的；

2. 氯胺酮、美沙酮不满 200 克的；

3. 三唑仑、安眠酮不满 10 千克的；

4. 氯氮卓、艾司唑仑、地西泮、溴西泮不满 100 千克的；

5. 上述毒品以外的其他少量毒品的。

（四）上述毒品品种包括其盐和制剂。毒品鉴定结论中毒品品名的认定应当以国家食品药品监督管理局、公安部、卫生部最新发布的《麻醉药品品种目录》、《精神药品品种目录》为依据。

四、关于死刑案件的毒品含量鉴定问题

可能判处死刑的毒品犯罪案件，毒品鉴定结论中应有含量鉴定的结论。

全国部分法院审理毒品犯罪案件工作座谈会纪要[①]

（2008 年 12 月 1 日　法〔2008〕324 号）

近年来，全国法院认真贯彻落实国家禁毒法律和政策，始终把打击毒品犯罪作为刑事审判工作的一项重要任务，依法严惩了一大批毒品犯罪分子，为净化社会环境，保护公民身心健康，维护社会和谐稳定作出了重要贡献。但是，由于国际国内各方面因素的影响，我国的禁毒形势仍然十分严峻。人民法院一定要从民族兴衰和国家安危的高度，深刻认识惩治毒品犯罪的极端重要性和紧迫性，认真贯彻执行刑法、刑事诉讼法和禁毒法的有关规定，坚持“预防为主，综合治理，禁种、禁制、禁贩、禁吸并举”的禁毒工作方针，贯彻宽严相济的刑事政策，充分发挥刑事审判职能，严厉打击严重毒品犯罪，积极参与禁毒人民战争和综合治理工作，有效遏制毒品犯罪发展蔓延的势头。

为了进一步加强毒品犯罪案件的审判工作，依法惩治毒品犯罪，最高人民法院于 2008 年 9 月 23 日至 24 日在辽宁省大连市召开了全国部分法院审理毒品犯罪案件工作座谈会。最高人民法院张军副院长出席座谈会并作讲话。座谈会在 2000 年在南宁市召开的“全国法院审理毒品犯罪案件工作座谈会”及其会议纪要、2004 年在佛山市召开的“全国法院刑事审判工作座谈会”和 2007 年在南京市召开的“全国部分法院刑事审判工作座谈会”精神的基础上，根据最高人民法院统一行使死刑案件核准权后毒品犯罪法律适用出现的新情况，适应审理毒品案件尤其是毒品死刑案件的需要，对最高人民法院“关于全国法院审理毒品犯罪案件工作座谈会纪要”（即“南宁会议

① 本纪要部分条文被 2015 年 5 月 18 日公布的《全国法院毒品犯罪审判工作座谈会纪要》修改。

纪要”)、有关会议领导讲话和有关审理毒品犯罪案件规范性文件的相关内容进行了系统整理和归纳完善，同时认真总结了近年来全国法院审理毒品犯罪案件的经验，研究分析了审理毒品犯罪案件中遇到的新情况、新问题，对人民法院审理毒品犯罪案件尤其是毒品死刑案件具体应用法律的有关问题取得了共识。现纪要如下：

一、毒品案件的罪名确定和数量认定问题

刑法第三百四十七条规定的走私、贩卖、运输、制造毒品罪是选择性罪名，对同一宗毒品实施了两种以上犯罪行为并有相应确凿证据的，应当按照所实施的犯罪行为的性质并列确定罪名，毒品数量不重复计算，不实行数罪并罚。对同一宗毒品可能实施了两种以上犯罪行为，但相应证据只能认定其中一种或者几种行为，认定其他行为的证据不够确实充分的，则只按照依法能够认定的行为的性质定罪。如涉嫌为贩卖而运输毒品，认定贩卖的证据不够确实充分的，则只定运输毒品罪。对不同宗毒品分别实施了不同种犯罪行为的，应对不同行为并列确定罪名，累计毒品数量，不实行数罪并罚。对被告人一人走私、贩卖、运输、制造两种以上毒品的，不实行数罪并罚，量刑时可综合考虑毒品的种类、数量及危害，依法处理。

罪名不以行为实施的先后、毒品数量或者危害大小排列，一律以刑法条文规定的顺序表述。如对同一宗毒品制造后又走私的，以走私、制造毒品罪定罪。下级法院在判决中确定罪名不准确的，上级法院可以减少选择性罪名中的部分罪名或者改动罪名顺序，在不加重原判刑罚的情况下，也可以改变罪名，但不得增加罪名。

对于吸毒者实施的毒品犯罪，在认定犯罪事实和确定罪名时要慎重。吸毒者在购买、运输、存储毒品过程中被查获的，如没有证据证明其是为了实施贩卖等其他毒品犯罪行为，毒品数量未超过刑法第三百四十八条规定的最低数量标准的，一般不定罪处罚；查获毒品数量达到较大以上的，应以其实际实施的毒品犯罪行为定罪处罚。

对于以贩养吸的被告人，其被查获的毒品数量应认定为其犯罪的数量，但量刑时应考虑被告人吸食毒品的情节，酌情处理；被告人购买了一定数量的毒品后，部分已被其吸食的，应当按能够证明的贩卖数量及查获的毒品数量认定其贩毒的数量，已被吸食部分不计入在内。

有证据证明行为人不以牟利为目的，为他人代购仅用于吸食的毒品，毒品数量超过刑法第三百四十八条规定的最低数量标准的，对托购者、代购者应以非法持有毒品罪定罪。代购者从中牟利，变相加价贩卖毒品的，对代购者应以贩卖毒品罪定罪。明知他人实施毒品犯罪而为其居间介绍、代购代卖的，无论是否牟利，都应以相关毒品犯罪的共犯论处。

盗窃、抢夺、抢劫毒品的，应当分别以盗窃罪、抢夺罪或者抢劫罪定罪，但不计犯罪数额，根据情节轻重予以定罪量刑。盗窃、抢夺、抢劫毒品后又实施其他毒品犯罪的，对盗窃罪、抢夺罪、抢劫罪和所犯的具体毒品犯罪分别定罪，依法数罪并罚。走私毒品，又走私其他物品构成犯罪的，以走私毒品罪和其所犯的其他走私罪分别定罪，依法数罪并罚。

二、毒品犯罪的死刑适用问题

审理毒品犯罪案件，应当切实贯彻宽严相济的刑事政策，突出毒品犯罪的打击重点。必须依法严惩毒枭、职业毒犯、再犯、累犯、惯犯、主犯等主观恶性深、人身危险性大、危害严重的毒品犯罪分子，以及具有将毒品走私入境，多次、大量或者向多人贩卖，诱使多人吸毒，武装掩护、暴力抗拒检查、拘留或者逮捕，或者参与有组织的国际贩毒活动等情节的毒品犯罪分子。对其中罪行极其严重依法应当判处死刑的，必须坚决依法判处死刑。

毒品数量是毒品犯罪案件量刑的重要情节，但不是唯一情节。对被告人量刑时，特别是在考虑是否适用死刑时，应当综合考虑毒品数量、犯罪情节、危害后果、被告人的主观恶性、人身危险性以及当地禁毒形势等各种因素，做到区别对待。近期，审理毒品犯罪案件掌握的死刑数量标准，应当结合本地毒品犯罪的实际情况和依法惩治、预防毒品犯罪的需要，并参照最高人民法院复核的毒品死刑案件的典型案例，恰当把握。量刑既不能只片面考虑毒品数量，不考虑犯罪的其他情节，也不能只片面考虑其他情节，而忽视毒品数量。

对虽然已达到实际掌握的判处死刑的毒品数量标准，但是具有法定、酌定从宽处罚情节的被告人，可以不判处死刑；反之，对毒品数量接近实际掌握的判处死刑的数量标准，但具有从重处罚情节的被告人，也可以判处死刑。毒品数量达到实际掌握的死刑数量标准，既有从重处罚情节，又有从宽处罚情节的，应当综合考虑各方面因素决定刑罚，判处死刑立即执行应当慎重。

具有下列情形之一的，可以判处被告人死刑：（1）具有毒品犯罪集团首要分子、武装掩护毒品犯罪、暴力抗拒检查、拘留或者逮捕、参与有组织的国际贩毒活动等严重情节的；（2）毒品数量达到实际掌握的死刑数量标准，并具有毒品再犯、累犯，利用、教唆未成年人走私、贩卖、运输、制造毒品，或者向未成年人出售毒品等法定从重处罚情节的；(3）毒品数量达到实际掌握的死刑数量标准，并具有多次走私、贩卖、运输、制造毒品，向多人贩毒，在毒品犯罪中诱使、容留多人吸毒，在戒毒监管场所贩毒，国家工作人员利用职务便利实施毒品犯罪，或者职业犯、惯犯、主犯等情节的；（4）毒品数量达到实际掌握的死刑数量标准，并具有其他从重处罚情节的；(5）毒品数量超过实际掌握的死刑数量标准，且没有法定、酌定从轻处罚情节的。

毒品数量达到实际掌握的死刑数量标准，具有下列情形之一的，可以不判处被告人死刑立即执行：（1）具有自首、立功等法定从宽处罚情节的；（2）已查获的毒品数量未达到实际掌握的死刑数量标准，到案后坦白尚未被司法机关掌握的其他毒品犯罪，累计数量超过实际掌握的死刑数量标准的；（3）经鉴定毒品含量极低，掺假之后的数量才达到实际掌握的死刑数量标准的，或者有证据表明可能大量掺假但因故不能鉴定的；（4）因特情引诱毒品数量才达到实际掌握的死刑数量标准的；（5）以贩养吸的被告人，被查获的毒品数量刚达到实际掌握的死刑数量标准的；（6）毒品数量刚达到实际掌握的死刑数量标准，确属初次犯罪即被查获，未造成严重危害后果的；（7）共同犯罪毒品数量刚达到实际掌握的死刑数量标准，但各共同犯罪人作用相当，或者责任大小难以区分的；（8）家庭成员共同实施毒品犯罪，其中起主要作用的被告人已被判处死刑立即执行，其他被告人罪行相对较轻的；（9）其他不是必须判处死刑立即执行的。

有些毒品犯罪案件，往往由于毒品、毒资等证据已不存在，导致审查证据和认定事实困难。在处理这类案件时，只有被告人的口供与同案其他被告人供述吻合，并且完全排除诱供、逼供、串供等情形，被告人的口供与同案被告人的供述才可以作为定案的证据。仅有被告人口供与同案被告人供述作为定案证据的，对被告人判处死刑立即执行要特别慎重。

三、运输毒品罪的刑罚适用问题

对于运输毒品犯罪，要注意重点打击指使、雇佣他人运输毒品的犯罪分子和接应、接货的毒品所有者、买家或者卖家。对于运输毒品犯罪集团首要分子，组织、指使、雇佣他人运输毒品的主犯或者毒枭、职业毒犯、毒品再犯，以及具有武装掩护、暴力抗拒检查、拘留或者逮捕、参与有组织的国际毒品犯罪、以运输毒品为业、多次运输毒品或者其他严重情节的，应当按照刑法、有关司法解释和司法实践实际掌握的数量标准，从严惩处，依法应判处死刑的必须坚决判处死刑。

毒品犯罪中，单纯的运输毒品行为具有从属性、辅助性特点，且情况复杂多样。部分涉案人员系受指使、雇佣的贫民、边民或者无业人员，只是为了赚取少量运费而为他人运输毒品，他们不是毒品的所有者、买家或者卖家，与幕后的组织、指使、雇佣者相比，在整个毒品犯罪环节中处于从属、辅助和被支配地位，所起作用和主观恶性相对较小，社会危害性也相对较小。因此，对于运输毒品犯罪中的这部分人员，在量刑标准的把握上，应当与走私、贩卖、制造毒品和前述具有严重情节的运输毒品犯罪分子有所区别，不应单纯以涉案毒品数量的大小决定刑罚适用的轻重。

对有证据证明被告人确属受人指使、雇佣参与运输毒品犯罪，又系初犯、偶犯的，可以从轻处罚，即使毒品数量超过实际掌握的死刑数量标准，也可以不判处死刑立即执行。

毒品数量超过实际掌握的死刑数量标准，不能证明被告人系受人指使、雇佣参与运输毒品犯罪的，可以依法判处重刑直至死刑。

涉嫌为贩卖而自行运输毒品，由于认定贩卖毒品的证据不足，因而认定为运输毒品罪的，不同于单纯的受指使为他人运输毒品行为，其量刑标准应当与单纯的运输毒品行为有所区别。

四、制造毒品的认定与处罚问题

鉴于毒品犯罪分子制造毒品的手段复杂多样、不断翻新，采用物理方法加工、配制毒品的情况大量出现，有必要进一步准确界定制造毒品的行为、方法。制造毒品不仅包括非法用毒品原植物直接提炼和用化学方法加工、配制毒品的行为，也包括以改变毒品成分和效用为目的，用混合等物理方法加工、配制毒品的行为，如将甲基苯丙胺或者其他苯丙胺类毒品与其他毒品混合成麻古或者摇头丸。为便于隐蔽运输、销售、使用、欺骗购买者，或者为了增重，对毒品掺杂使假，添加或者去除其他非毒品物质，不属于制造毒品的行为。

已经制成毒品，达到实际掌握的死刑数量标准的，可以判处死刑；数量特别巨大的，应当判处死刑。已经制造出粗制毒品或者半成品的，以制造毒品罪的既遂论处。购进制造毒品的设备和原材料，开始着手制造毒品，但尚未制造出粗制毒品或者半成品的，以制造毒品罪的未遂论处。

五、毒品含量鉴定和混合型、新类型毒品案件处理问题

鉴于大量掺假毒品和成分复杂的新类型毒品不断出现，为做到罪刑相当、罚当其罪，保证毒品案件的审判质量，并考虑目前毒品鉴定的条件和现状，对可能判处被告人死刑的毒品犯罪案件，应当根据最高人民法院、最高人民检察院、公安部 2007 年 12 月颁布的《办理毒品犯罪案件适用法律若干问题的意见》，作出毒品含量鉴定；对涉案毒品可能大量掺假或者系成分复杂的新类型毒品的，亦应当作出毒品含量鉴定。

对于含有二种以上毒品成分的毒品混合物，应进一步作成分鉴定，确定所含的不同毒品成分及比例。对于毒品中含有海洛因、甲基苯丙胺的，应以海洛因、甲基苯丙胺分别确定其毒品种类；不含海洛因、甲基苯丙胺的，应以其中毒性较大的毒品成分确定其毒品种类；如果毒性相当或者难以确定毒性大小的，以其中比例较大的毒品成分确定其毒品种类，并在量刑时综合考虑其他毒品成分、含量和全案所涉毒品数量。对于刑法、司法解释等已规定了量刑数量标准的毒品，按照刑法、司法解释等规定适用刑罚；对于刑法、司法解释等没有规定量刑数量标准的毒品，有条件折算为海洛因的，参照国家食品药品监督管理局制定的《非法药物折算表》，折算成海洛因的数量后适用刑罚。

对于国家管制的精神药品和麻醉药品，刑法、司法解释等尚未明确规定量刑数量标准，也不具备折算条件的，应由有关专业部门确定涉案毒品毒效的大小、有毒成分的多少、吸毒者对该毒品的依赖程度，综合考虑其致瘾癖性、戒断性、社会危害性等依法量刑。因条件限制不能确定的，可以参考涉案毒品非法交易的价格因素等，决定对被告人适用的刑罚，但一般不宜判处死刑立即执行。

六、特情介入案件的处理问题

运用特情侦破毒品案件，是依法打击毒品犯罪的有效手段。对特情介入侦破的毒品案件，要区别不同情形予以分别处理。

对已持有毒品待售或者有证据证明已准备实施大宗毒品犯罪者，采取特情贴靠、接洽而破获的案件，不存在犯罪引诱，应当依法处理。

行为人本没有实施毒品犯罪的主观意图，而是在特情诱惑和促成下形成犯意，进而实施毒品犯罪的，属于“犯意引诱”。对因“犯意引诱”实施毒品犯罪的被告人，根据罪刑相适应原则，应当依法从轻处罚，无论涉案毒品数量多大，都不应判处死刑立即执行。行为人在特情既为其安排上线，又提供下线的双重引诱，即“双套引诱”下实施毒品犯罪的，处刑时可予以更大幅度的从宽处罚或者依法免予刑事处罚。

行为人本来只有实施数量较小的毒品犯罪的故意，在特情引诱下实施了数量较大甚至达到实际掌握的死刑数量标准的毒品犯罪的，属于“数量引诱”。对因“数量引诱”实施毒品犯罪的被告人，应当依法从轻处罚，即使毒品数量超过实际掌握的死刑数量标准，一般也不判处死刑立即执行。

对不能排除“犯意引诱”和“数量引诱”的案件，在考虑是否对被告人判处死刑立即执行时，要留有余地。

对被告人受特情间接引诱实施毒品犯罪的，参照上述原则依法处理。

七、毒品案件的立功问题

共同犯罪中同案犯的基本情况，包括同案犯姓名、住址、体貌特征、联络方式等信息，属于被告人应当供述的范围。公安机关根据被告人供述抓获同案犯的，不应认定其有立功表现。被告人在公安机关抓获同案犯过程中确实起到协助作用的，例如，经被告人现场指认、辨认抓获了同案犯；被告人带领公安人员抓获了同案犯；被告人提供了不为有关机关掌握或者有关机关按照正常工作程序无法掌握的同案犯藏匿的线索，有关机关据此抓获了同案犯；被告人交代了与同案犯的联系方式，又按要求与对方联络，积极协助公安机关抓获了同案犯等，属于协助司法机关抓获同案犯，应认定为立功。

关于立功从宽处罚的把握，应以功是否足以抵罪为标准。在毒品共同犯罪案件中，毒枭、毒品犯罪集团首要分子、共同犯罪的主犯、职业毒犯、毒品惯犯等，由于掌握同案犯、从犯、马仔的犯罪情况和个人信息，被抓获后往往能协助抓捕同案犯，获得立功或者重大立功。对其是否从宽处罚以及从宽幅度的大小，应当主要看功是否足以抵罪，即应结合被告人罪行的严重程度、立功大小综合考虑。要充分注意毒品共同犯罪人以及上、下家之间的量刑平衡。对于毒枭等严重毒品犯罪分子立功的，从轻或者减轻处罚应当从严掌握。如果其罪行极其严重，只有一般立功表现，功不足以抵罪的，可不予从轻处罚；如果其检举、揭发的是其他犯罪案件中罪行同样严重的犯罪分子，或者协助抓获的是同案中的其他首要分子、主犯，功足以抵罪的，原则上可以从轻或者减轻处罚；如果协助抓获的只是同案中的从犯或者马仔，功不足以抵罪，或者从轻处罚后全案处刑明显失衡的，不予从轻处罚。相反，对于从犯、马仔立功，特别是协助抓获毒枭、首要分子、主犯的，应当从轻处罚，直至依法减轻或者免除处罚。

被告人亲属为了使被告人得到从轻处罚，检举、揭发他人犯罪或者协助司法机关抓捕其他犯罪人的，不能视为被告人立功。同监犯将本人或者他人尚未被司法机关掌握的犯罪事实告知被告人，由被告人检举揭发的，如经查证属实，虽可认定被告人立功，但是否从宽处罚、从宽幅度大小，应与通常的立功有所区别。通过非法手段或者非法途径获取他人犯罪信息，如从国家工作人员处贿买他人犯罪信息，通过律师、看守人员等非法途径获取他人犯罪信息，由被告人检举揭发的，不能认定为立功，也不能作为酌情从轻处罚情节。

八、毒品再犯问题

根据刑法第三百五十六条规定，只要因走私、贩卖、运输、制造、非法持有毒品罪被判过刑，不论是在刑罚执行完毕后，还是在缓刑、假释或者暂予监外执行期间，又犯刑法分则第六章第七节规定的犯罪的，都是毒品再犯，应当从重处罚。

因走私、贩卖、运输、制造、非法持有毒品罪被判刑的犯罪分子，在缓刑、假释或者暂予监外执行期间又犯刑法分则第六章第七节规定的犯罪的，应当在对其所犯新的毒品犯罪适用刑法第三百五十六条从重处罚的规定确定刑罚后，再依法数罪并罚。

对同时构成累犯和毒品再犯的被告人，应当同时引用刑法关于累犯和毒品再犯的条款从重处罚。

九、毒品案件的共同犯罪问题

毒品犯罪中，部分共同犯罪人未到案，如现有证据能够认定已到案被告人为共同犯罪，或者能够认定为主犯或者从犯的，应当依法认定。没有实施毒品犯罪的共同故意，仅在客观上为相互关联的毒品犯罪上下家，不构成共同犯罪，但为了诉讼便利可并案审理。审理毒品共同犯罪案件应当注意以下几个方面的问题：

一是要正确区分主犯和从犯。区分主犯和从犯，应当以各共同犯罪人在毒品共同犯罪中的地位和作用为根据。要从犯意提起、具体行为分工、出资和实际分得毒赃多少以及共犯之间相互关系等方面，比较各个共同犯罪人在共同犯罪中的地位和作用。在毒品共同犯罪中，为主出资者、毒品所有者或者起意、策划、纠集、组织、雇佣、指使他人参与犯罪以及其他起主要作用的是主犯；起次要或者辅助作用的是从犯。受雇佣、受指使实施毒品犯罪的，应根据其在犯罪中实际发挥的作用具体认定为主犯或者从犯。对于确有证据证明在共同犯罪中起次要或者辅助作用的，不能因为其他共同犯罪人未到案而不认定为从犯，甚至将其认定为主犯或者按主犯处罚。只要认定为从犯，无论主犯是否到案，均应依照刑法关于从犯的规定从轻、减轻或者免除处罚。

二是要正确认定共同犯罪案件中主犯和从犯的毒品犯罪数量。对于毒品犯罪集团的首要分子，应按集团毒品犯罪的总数量处罚；对一般共同犯罪的主犯，应按其所参与的或者组织、指挥的毒品犯罪数量处罚；对于从犯，应当按照其所参与的毒品犯罪的数量处罚。

三是要根据行为人在共同犯罪中的作用和罪责大小确定刑罚。不同案件不能简单类比，一个案件的从犯参与犯罪的毒品数量可能比另一案件的主犯参与犯罪的毒品数量大，但对这一案件从犯的处罚不是必然重于另一案件的主犯。共同犯罪中能分清主从犯的，不能因为涉案的毒品数量特别巨大，就不分主从犯而一律将被告人认定为主犯或者实际上都按主犯处罚，一律判处重刑甚至死刑。对于共同犯罪中有多个主犯或者共同犯罪人的，处罚上也应做到区别对待。应当全面考察各主犯或者共同犯罪人在共同犯罪中实际发挥作用的差别，主观恶性和人身危险性方面的差异，对罪责或者人身危险性更大的主犯或者共同犯罪人依法判处更重的刑罚。

十、主观明知的认定问题

毒品犯罪中，判断被告人对涉案毒品是否明知，不能仅凭被告人供述，而应当依据被告人实施毒品犯罪行为的过程、方式、毒品被查获时的情形等证据，结合被告人的年龄、阅历、智力等情况，进行综合分析判断。

具有下列情形之一，被告人不能做出合理解释的，可以认定其“明知”是毒品，但有证据证明确属被蒙骗的除外：（1）执法人员在口岸、机场、车站、港口和其他检查站点检查时，要求行为人申报为他人携带的物品和其他疑似毒品物，并告知其法律责任，而行为人未如实申报，在其携带的物品中查获毒品的；（2）以伪报、藏匿、伪装等蒙蔽手段，逃避海关、边防等检查，在其携带、运输、邮寄的物品中查获毒品的；（3）执法人员检查时，有逃跑、丢弃携带物品或者逃避、抗拒检查等行为，在其携带或者丢弃的物品中查获毒品的；（4）体内或者贴身隐秘处藏匿毒品的；（5）为获取不同寻常的高额、不等值报酬为他人携带、运输物品，从中查获毒品的；（6）采用高度隐蔽的方式携带、运输物品，从中查获毒品的；（7）采用高度隐蔽的方式交接物品，明显违背合法物品惯常交接方式，从中查获毒品的；（8）行程路线故意绕开检查站点，在其携带、运输的物品中查获毒品的；（9）以虚假身份或者地址办理托运手续，在其托运的物品中查获毒品的；（10）有其他证据足以认定行为人应当知道的。

十一、毒品案件的管辖问题

毒品犯罪的地域管辖，应当依照刑事诉讼法的有关规定，实行以犯罪地管辖为主、被告人居住地管辖为辅的原则。考虑到毒品犯罪的特殊性和毒品犯罪侦查体制，“犯罪地”不仅可以包括犯罪预谋地、毒资筹集地、交易进行地、运输途经地以及毒品生产地，也包括毒资、毒赃和毒品藏匿地、转移地、走私或者贩运毒品目的地等。“被告人居住地”，不仅包括被告人常住地和户籍所在地，也包括其临时居住地。

对于已进入审判程序的案件，被告人及其辩护人提出管辖异议，经审查异议成立的，或者受案法院发现没有管辖权，而案件由本院管辖更适宜的，受案法院应当报请与有管辖权的法院共同的上级法院依法指定本院管辖。

十二、特定人员参与毒品犯罪问题

近年来，一些毒品犯罪分子为了逃避打击，雇佣孕妇、哺乳期妇女、急性传染病人、残疾人或者未成年人等特定人员进行毒品犯罪活动，成为影响我国禁毒工作成效的突出问题。对利用、教唆特定人员进行毒品犯罪活动的组织、策划、指挥和教唆者，要依法严厉打击，该判处重刑直至死刑的，坚决依法判处重刑直至死刑。对于被利用、被诱骗参与毒品犯罪的特定人员，可以从宽处理。

要积极与检察机关、公安机关沟通协调，妥善解决涉及特定人员的案件管辖、强制措施、刑罚执行等问题。对因特殊情况依法不予羁押的，可以依法采取取保候审、监视居住等强制措施，并根据被告人具体情况和案情变化及时变更强制措施；对于被判处有期徒刑或者拘役的罪犯，符合刑事诉讼法第二百一十四条规定情形的，可以暂予监外执行。

十三、毒品案件财产刑的适用和执行问题

刑法对毒品犯罪规定了并处罚金或者没收财产刑，司法实践中应当依法充分适用。不仅要依法追缴被告人的违法所得及其收益，还要严格依法判处被告人罚金刑或者没收财产刑，不能因为被告人没有财产，或者其财产难以查清、难以分割或者难以执行，就不依法判处财产刑。

要采取有力措施，加大财产刑执行力度。要加强与公安机关、检察机关的协作，对毒品犯罪分子来源不明的巨额财产，依法及时采取查封、扣押、冻结等措施，防止犯罪分子及其亲属转移、隐匿、变卖或者洗钱，逃避依法追缴。要加强不同地区法院之间的相互协作配合。毒品犯罪分子的财产在异地的，第一审人民法院可以委托财产所在地人民法院代为执行。要落实和运用有关国际禁毒公约规定，充分利用国际刑警组织等渠道，最大限度地做好境外追赃工作。

最高人民法院、最高人民检察院、公安部关于办理制毒物品犯罪案件适用法律若干问题的意见

（2009 年 6 月 23 日　公通字〔2009〕33 号）

为依法惩治走私制毒物品、非法买卖制毒物品犯罪活动，根据刑法有关规定，结合司法实践，现就办理制毒物品犯罪案件适用法律的若干问题制定如下意见：

一、关于制毒物品犯罪的认定

（一）本意见中的“制毒物品”，是指刑法第三百五十条第一款规定的醋酸酐、乙醚、三氯甲烷或者其他用于制造毒品的原料或者配剂，具体品种范围按照国家关于易制毒化学品管理的规定确定。

（二）违反国家规定，实施下列行为之一的，认定为刑法第三百五十条规定的非法买卖制毒物品行为：

1. 未经许可或者备案，擅自购买、销售易制毒化学品的；

2. 超出许可证明或者备案证明的品种、数量范围购买、销售易制毒化学品的；

3. 使用他人的或者伪造、变造、失效的许可证明或者备案证明购买、销售易制毒化学品的；

4. 经营单位违反规定，向无购买许可证明、备案证明的单位、个人销售易制毒化学品的，或者明知购买者使用他人的或者伪造、变造、失效的购买许可证明、备案证明，向其销售易制毒化学品的；

5. 以其他方式非法买卖易制毒化学品的。

（三）易制毒化学品生产、经营、使用单位或者个人未办理许可证明或者备案证明，购买、销售易制毒化学品，如果有证据证明确实用于合法生产、生活需要，依法能够办理只是未及时办理许可证明或者备案证明，且未造成严重社会危害的，可不以非法买卖制毒物品罪论处。

（四）为了制造毒品或者走私、非法买卖制毒物品犯罪而采用生产、加工、提炼等方法非法制造易制毒化学品的，根据刑法第二十二条的规定，按照其制造易制毒化学品的不同目的，分别以制造毒品、走私制毒物品、非法买卖制毒物品的预备行为论处。

（五）明知他人实施走私或者非法买卖制毒物品犯罪，而为其运输、储存、代理进出口或者以其他方式提供便利的，以走私或者非法买卖制毒物品罪的共犯论处。

（六）走私、非法买卖制毒物品行为同时构成其他犯罪的，依照处罚较重的规定定罪处罚。

二、关于制毒物品犯罪嫌疑人、被告人主观明知的认定

对于走私或者非法买卖制毒物品行为，有下列情形之一，且查获了易制毒化学品，结合犯罪嫌疑人、被告人的供述和其他证据，经综合审查判断，可以认定其“明知”是制毒物品而走私或者非法买卖，但有证据证明确属被蒙骗的除外：

1. 改变产品形状、包装或者使用虚假标签、商标等产品标志的；

2. 以藏匿、夹带或者其他隐蔽方式运输、携带易制毒化学品逃避检查的；

3. 抗拒检查或者在检查时丢弃货物逃跑的；

4. 以伪报、藏匿、伪装等蒙蔽手段逃避海关、边防等检查的；

5. 选择不设海关或者边防检查站的路段绕行出入境的；

6. 以虚假身份、地址办理托运、邮寄手续的；

7. 以其他方法隐瞒真相，逃避对易制毒化学品依法监管的。

三、关于制毒物品犯罪定罪量刑的数量标准

（一）违反国家规定，非法运输、携带制毒物品进出境或者在境内非法买卖制毒物品达到下列数量标准的，依照刑法第三百五十条第一款的规定，处三年以下有期徒刑、拘役或者管制，并处罚金：

1. 1－苯基－2－丙酮五千克以上不满五十千克；

2. 3，4－亚甲基二氧苯基－2－丙酮、去甲麻黄素（去甲麻黄碱）、甲基麻黄素（甲基麻黄碱）、羟亚胺及其盐类十千克以上不满一百千克；

3. 胡椒醛、黄樟素、黄樟油、异黄樟素、麦角酸、麦角胺、麦角新碱、苯乙酸二十千克以上不满二百千克；

4. N－乙酰邻氨基苯酸、邻氨基苯甲酸、哌啶一百五十千克以上不满一千五百千克；

5. 甲苯、丙酮、甲基乙基酮、高锰酸钾、硫酸、盐酸四百千克以上不满四千千克；

6. 其他用于制造毒品的原料或者配剂相当数量的。

（二）违反国家规定，非法买卖或者走私制毒物品，达到或者超过前款所列最高数量标准的，认定为刑法第三百五十条第一款规定的“数量大的”，处三年以上十年以下有期徒刑，并处罚金。

全国法院毒品犯罪审判工作座谈会纪要

（2015 年 5 月 18 日　法〔2015〕129 号）

为深入学习习近平总书记等中央领导同志关于禁毒工作的重要指示批示精神，贯彻落实《中共中央国务院关于加强禁毒工作的意见》和全国禁毒工作会议精神，进一步统一思想认识，提高毒品犯罪审判工作水平，推动人民法院禁毒工作取得更大成效，最高人民法院于2014年12月11日至12日在湖北省武汉市召开了全国法院毒品犯罪审判工作座谈会。出席会议的有各省、自治区、直辖市高级人民法院、解放军军事法院和新疆维吾尔自治区高级人民法院生产建设兵团分院主管刑事审判工作的副院长、刑事审判庭庭长及部分中级人民法院主管刑事审判工作的副院长。最高人民法院副院长李少平出席会议并讲话。

会议传达学习了中央对禁毒工作的一系列重大决策部署，总结了近年来人民法院禁毒工作取得的成绩和存在的问题，分析了当前我国毒品犯罪的总体形势和主要特点，明确了继续依法从严惩处毒品犯罪的审判指导思想，研究了毒品犯罪审判中遇到的若干法律适用问题，并对当前和今后一个时期人民法院的禁毒工作作出具体安排部署。现纪要如下：

一、关于进一步加强人民法院禁毒工作的总体要求

禁毒工作关系国家安危、民族兴衰和人民福祉，厉行禁毒是党和政府的一贯立场和坚决主张。近年来，在党中央的高度重视和坚强领导下，各地区、各有关部门按照国家禁毒委员会的统一部署，深入开展禁毒人民战争，全面落实综合治理措施，有效遏制了毒品问题快速发展蔓延的势头，禁毒工作取得了阶段性成效。2014年6月，中央政治局常委会议、国务院常务会议分别听取禁毒工作专题汇报，习近平总书记、李克强总理分别对禁毒工作作出重要指示批示。中共中央、国务院首次印发了《关于加强禁毒工作的意见》，并下发了贯彻落实分工方案。国家禁毒委员会制定了《禁毒工作责任制》，并召开全国禁毒工作会议对全面加强禁毒工作作出部署。

依法审理毒品犯罪案件，积极参与禁毒工作是人民法院肩负的一项重要职责任务。长期以来，全国各级人民法院认真贯彻落实中央和国家禁毒委员会的决策部署，扎实履行刑事审判职责，坚持依法从严惩处毒品犯罪，大力加强禁毒法制建设，积极参与禁毒综合治理，各项工作均取得显著成效，为全面、深入推进禁毒工作提供了有力司法保障。同时，应当清醒地看到，受国际毒潮持续泛滥和国内多种因素影响，当前和今后一个时期，我国仍将处于毒品问题加速蔓延期、毒品犯罪高发多发期、毒品治理集中攻坚期，禁毒斗争形势严峻复杂，禁毒工作任务十分艰巨。加强禁毒工作，治理毒品问题，对深入推进平安中国、法治中国建设，维护国家长治久安，保障人民群众幸福安康，实现“两个一百年”奋斗目标和中华民族伟大复兴的中国梦，具有重要意义。各级人民法院要从维护重要战略机遇期国家安全和社会稳定的政治高度，充分认识毒品问题的严峻性、长期性和禁毒工作的艰巨性、复杂性，切实增强做好禁毒工作的责任感、使命感和紧迫感。要认真学习领会、坚决贯彻落实党中央对禁毒工作的一系列重大决策部署和全国禁毒工作会议精神，切实采取有力措施，进一步加强人民法院禁毒工作。

一是毫不动摇地坚持依法从严惩处毒品犯罪。充分发挥审判职能作用，依法运用刑罚惩治毒品犯罪，是治理毒品问题的重要手段，也是人民法院参与禁毒斗争的主要方式。面对严峻的毒品犯罪形势，各级人民法院要继续坚持依法从严惩处毒品犯罪的指导思想。要继续依法严惩走私、制造毒品和大宗贩卖毒品等源头性犯罪，严厉打击毒枭、职业毒犯、累犯、毒品再犯等主观恶性深、人身危险性大的毒品犯罪分子，该判处重刑和死刑的坚决依法判处。要加大对制毒物品犯罪、多次零包贩卖毒品、引诱、教唆、欺骗、强迫他人吸毒及非法持有毒品等犯罪的惩处力度，严惩向农村地区贩卖毒品及国家工作人员实施的毒品犯罪。要更加注重从经济上制裁毒品犯罪，依法追缴犯罪分子违法所得，充分适用罚金刑、没收财产刑并加大执行力度，依法从严惩处涉毒洗钱犯罪和为毒品犯罪提供资金的犯罪。要严厉打击因吸毒诱发的杀人、伤害、抢劫、以危险方法危害公共安全等次生犯罪。要规范和限制毒品犯罪的缓刑适用，从严把握毒品罪犯减刑条件，严格限制严重毒品罪犯假释，确保刑罚执行效果。同时，为全面发挥刑罚功能，也要贯彻好宽严相济刑事政策，突出打击重点，体现区别对待。对于罪行较轻，或者具有从犯、自首、立功、初犯等法定、酌定从宽处罚情节的毒品犯罪分子，根据罪刑相适应原则，依法给予从宽处罚，以分化瓦解毒品犯罪分子，预防和减少毒品犯罪。要牢牢把握案件质量这条生命线，既要考虑到毒品犯罪隐蔽性强、侦查取证难度大的现实情况，也要严格贯彻证据裁判原则，引导取证、举证工作围绕审判工作的要求展开，切实发挥每一级审判程序的职能作用，确保案件办理质量。对于拟判处被告人死刑的毒品犯罪案件，在证据质量上要始终坚持最高的标准和最严的要求。

二是深入推进毒品犯罪审判规范化建设。各级人民法院要结合审判工作实际，积极开展调查研究，不断总结经验，及时发现并解决审判中遇到的突出法律适用问题。各高、中级人民法院要加大审判指导力度，在做好毒品犯罪审判工作的同时，通过编发典型案例、召开工作座谈会等形式，不断提高辖区法院毒品犯罪审判工作水平。最高人民法院对于复核毒品犯罪死刑案件中发现的问题，要继续通过随案附函、集中通报、发布典型案例等形式，加强审判指导；对于毒品犯罪法律适用方面存在的突出问题，要适时制定司法解释或规范性文件，统一法律适用；对于需要与公安、检察机关共同解决的问题，要加强沟通、协调，必要时联合制发规范性文件；对于立法方面的问题，要继续提出相关立法建议，推动禁毒法律的修改完善。

三是不断完善毒品犯罪审判工作机制。各级人民法院要严格落实禁毒工作责任，按照《禁毒工作责任制》的要求和同级禁毒委员会的部署认真开展工作，将禁毒工作列入本单位整体工作规划，制定年度工作方案，抓好贯彻落实。要进一步加强专业审判机构建设，各高级人民法院要确定专门承担毒品犯罪审判指导任务的审判庭，毒品犯罪相对集中地区的高、中级人民法院可以根据当地实际和工作需要，探索确立专门承担毒品犯罪审判工作的合议庭或者审判庭。要建立健全业务学习、培训机制，通过举办业务培训班、组织交流研讨会等多种形式，不断提高毒品犯罪审判队伍专业化水平。要推动与相关职能部门建立禁毒长效合作机制，在中央层面和毒品犯罪集中地区建立公检法三机关打击毒品犯罪联席会议制度，探索建立重大毒品犯罪案件信息通报、反馈机制，提升打击毒品犯罪的合力。

四是加大参与禁毒综合治理工作力度。要充分利用有利时机集中开展禁毒宣传，最高人民法院和毒品犯罪高发地区的高级人民法院要将“6·26”国际禁毒日新闻发布会制度化，并利用网络、平面等媒体配合报道，向社会公众介绍人民法院毒品犯罪审判及禁毒综合治理工作情况，公布毒品犯罪典型案例。要加强日常禁毒法制宣传，充分利用审判资源优势，通过庭审直播、公开宣判、举办禁毒法制讲座、建立禁毒对象帮教制度、与社区、学校、团体建立禁毒协作机制等多种形式，广泛、深入地开展禁毒宣传教育活动。要突出宣传重点，紧紧围绕青少年群体和合成毒品滥用问题，有针对性地组织开展宣传教育工作，增强人民群众自觉抵制毒品的意识和能力。要延伸审判职能，针对毒品犯罪审判中发现的治安隐患和社会管理漏洞，及时向有关职能部门提出加强源头治理、强化日常管控的意见和建议，推动构建更为严密的禁毒防控体系。

二、关于毒品犯罪法律适用的若干具体问题

会议认为，2008 年印发的《全国部分法院审理毒品犯罪案件工作座谈会纪要》（以下简称《大连会议纪要》）较好地解决了办理毒品犯罪案件面临的一些突出法律适用问题，其中大部分规定在当前的审判实践中仍有指导意义，应当继续参照执行。同时，随着毒品犯罪形势的发展变化，近年来出现了一些新情况、新问题，需要加以研究解决。与会代表对审判实践中反映较为突出，但《大连会议纪要》没有作出规定，或者规定不尽完善的毒品犯罪法律适用问题进行了认真研究讨论，就下列问题取得了共识。

（一）罪名认定问题

贩毒人员被抓获后，对于从其住所、车辆等处查获的毒品，一般均应认定为其贩卖的毒品。确有证据证明查获的毒品并非贩毒人员用于贩卖，其行为另构成非法持有毒品罪、窝藏毒品罪等其他犯罪的，依法定罪处罚。

吸毒者在购买、存储毒品过程中被查获，没有证据证明其是为了实施贩卖毒品等其他犯罪，毒品数量达到刑法第三百四十八条规定的最低数量标准的，以非法持有毒品罪定罪处罚。吸毒者在运输毒品过程中被查获，没有证据证明其是为了实施贩卖毒品等其他犯罪，毒品数量达到较大以上的，以运输毒品罪定罪处罚。

行为人为吸毒者代购毒品，在运输过程中被查获，没有证据证明托购者、代购者是为了实施贩卖毒品等其他犯罪，毒品数量达到较大以上的，对托购者、代购者以运输毒品罪的共犯论处。行为人为他人代购仅用于吸食的毒品，在交通、食宿等必要开销之外收取“介绍费”、“劳务费”，或者以贩卖为目的收取部分毒品作为酬劳的，应视为从中牟利，属于变相加价贩卖毒品，以贩卖毒品罪定罪处罚。

购毒者接收贩毒者通过物流寄递方式交付的毒品，没有证据证明其是为了实施贩卖毒品等其他犯罪，毒品数量达到刑法第三百四十八条规定的最低数量标准的，一般以非法持有毒品罪定罪处罚。代收者明知是物流寄递的毒品而代购毒者接收，没有证据证明其与购毒者有实施贩卖、运输毒品等犯罪的共同故意，毒品数量达到刑法第三百四十八条规定的最低数量标准的，对代收者以非法持有毒品罪定罪处罚。

行为人利用信息网络贩卖毒品、在境内非法买卖用于制造毒品的原料或者配剂、传授制造毒品等犯罪的方法，构成贩卖毒品罪、非法买卖制毒物品罪、传授犯罪方法罪等犯罪的，依法定罪处罚。行为人开设网站、利用网络聊天室等组织他人共同吸毒，构成引诱、教唆、欺骗他人吸毒罪等犯罪的，依法定罪处罚。

（二）共同犯罪认定问题

办理贩卖毒品案件，应当准确认定居间介绍买卖毒品行为，并与居中倒卖毒品行为相区别。居间介绍者在毒品交易中处于中间人地位，发挥介绍联络作用，通常与交易一方构成共同犯罪，但不以牟利为要件；居中倒卖者属于毒品交易主体，与前后环节的交易对象是上下家关系，直接参与毒品交易并从中获利。居间介绍者受贩毒者委托，为其介绍联络购毒者的，与贩毒者构成贩卖毒品罪的共同犯罪；明知购毒者以贩卖为目的购买毒品，受委托为其介绍联络贩毒者的，与购毒者构成贩卖毒品罪的共同犯罪；受以吸食为目的的购毒者委托，为其介绍联络贩毒者，毒品数量达到刑法第三百四十八条规定的最低数量标准的，一般与购毒者构成非法持有毒品罪的共同犯罪；同时与贩毒者、购毒者共谋，联络促成双方交易的，通常认定与贩毒者构成贩卖毒品罪的共同犯罪。居间介绍者实施为毒品交易主体提供交易信息、介绍交易对象等帮助行为，对促成交易起次要、辅助作用的，应当认定为从犯；对于以居间介绍者的身份介入毒品交易，但在交易中超出居间介绍者的地位，对交易的发起和达成起重要作用的被告人，可以认定为主犯。

两人以上同行运输毒品的，应当从是否明知他人带有毒品，有无共同运输毒品的意思联络，有无实施配合、掩护他人运输毒品的行为等方面综合审查认定是否构成共同犯罪。受雇于同一雇主同行运输毒品，但受雇者之间没有共同犯罪故意，或者虽然明知他人受雇运输毒品，但各自的运输行为相对独立，既没有实施配合、掩护他人运输毒品的行为，又分别按照各自运输的毒品数量领取报酬的，不应认定为共同犯罪。受雇于同一雇主分段运输同一宗毒品，但受雇者之间没有犯罪共谋的，也不应认定为共同犯罪。雇用他人运输毒品的雇主，及其他对受雇者起到一定组织、指挥作用的人员，与各受雇者分别构成运输毒品罪的共同犯罪，对运输的全部毒品数量承担刑事责任。

（三）毒品数量认定问题

走私、贩卖、运输、制造、非法持有两种以上毒品的，可以将不同种类的毒品分别折算为海洛因的数量，以折算后累加的毒品总量作为量刑的根据。对于刑法、司法解释或者其他规范性文件明确规定了定罪量刑数量标准的毒品，应当按照该毒品与海洛因定罪量刑数量标准的比例进行折算后累加。对于刑法、司法解释及其他规范性文件没有规定定罪量刑数量标准，但《非法药物折算表》规定了与海洛因的折算比例的毒品，可以按照《非法药物折算表》折算为海洛因后进行累加。对于既未规定定罪量刑数量标准，又不具备折算条件的毒品，综合考虑其致瘾癖性、社会危害性、数量、纯度等因素依法量刑。在裁判文书中，应当客观表述涉案毒品的种类和数量，并综合认定为数量大、数量较大或者少量毒品等，不明确表述将不同种类毒品进行折算后累加的毒品总量。

对于未查获实物的甲基苯丙胺片剂（俗称“麻古”等）、MDMA片剂（俗称“摇头丸”）等混合型毒品，可以根据在案证据证明的毒品粒数，参考本案或者本地区查获的同类毒品的平均重量计算出毒品数量。在裁判文书中，应当客观表述根据在案证据认定的毒品粒数。

对于有吸毒情节的贩毒人员，一般应当按照其购买的毒品数量认定其贩卖毒品的数量，量刑时酌情考虑其吸食毒品的情节；购买的毒品数量无法查明的，按照能够证明的贩卖数量及查获的毒品数量认定其贩毒数量；确有证据证明其购买的部分毒品并非用于贩卖的，不应计入其贩毒数量。

办理毒品犯罪案件，无论毒品纯度高低，一般均应将查证属实的毒品数量认定为毒品犯罪的数量，并据此确定适用的法定刑幅度，但司法解释另有规定或者为了隐蔽运输而临时改变毒品常规形态的除外。涉案毒品纯度明显低于同类毒品的正常纯度的，量刑时可以酌情考虑。

制造毒品案件中，毒品成品、半成品的数量应当全部认定为制造毒品的数量，对于无法再加工出成品、半成品的废液、废料则不应计入制造毒品的数量。对于废液、废料的认定，可以根据其毒品成分的含量、外观形态，结合被告人对制毒过程的供述等证据进行分析判断，必要时可以听取鉴定机构的意见。

（四）死刑适用问题

当前，我国毒品犯罪形势严峻，审判工作中应当继续坚持依法从严惩处毒品犯罪的指导思想，充分发挥死刑对于预防和惩治毒品犯罪的重要作用。要继续按照《大连会议纪要》的要求，突出打击重点，对罪行极其严重、依法应当判处死刑的被告人，坚决依法判处。同时，应当全面、准确贯彻宽严相济刑事政策，体现区别对待，做到罚当其罪，量刑时综合考虑毒品数量、犯罪性质、情节、危害后果、被告人的主观恶性、人身危险性及当地的禁毒形势等因素，严格审慎地决定死刑适用，确保死刑只适用于极少数罪行极其严重的犯罪分子。

1. 运输毒品犯罪的死刑适用

对于运输毒品犯罪，应当继续按照《大连会议纪要》的有关精神，重点打击运输毒品犯罪集团首要分子，组织、指使、雇用他人运输毒品的主犯或者毒枭、职业毒犯、毒品再犯，以及具有武装掩护运输毒品、以运输毒品为业、多次运输毒品等严重情节的被告人，对其中依法应当判处死刑的，坚决依法判处。

对于受人指使、雇用参与运输毒品的被告人，应当综合考虑毒品数量、犯罪次数、犯罪的主动性和独立性、在共同犯罪中的地位作用、获利程度和方式及其主观恶性、人身危险性等因素，予以区别对待，慎重适用死刑。对于有证据证明确属受人指使、雇用运输毒品，又系初犯、偶犯的被告人，即使毒品数量超过实际掌握的死刑数量标准，也可以不判处死刑；尤其对于其中被动参与犯罪，从属性、辅助性较强，获利程度较低的被告人，一般不应当判处死刑。对于不能排除受人指使、雇用初次运输毒品的被告人，毒品数量超过实际掌握的死刑数量标准，但尚不属数量巨大的，一般也可以不判处死刑。

一案中有多人受雇运输毒品的，在决定死刑适用时，除各被告人运输毒品的数量外，还应结合其具体犯罪情节、参与犯罪程度、与雇用者关系的紧密性及其主观恶性、人身危险性等因素综合考虑，同时判处二人以上死刑要特别慎重。

2. 毒品共同犯罪、上下家犯罪的死刑适用

毒品共同犯罪案件的死刑适用应当与该案的毒品数量、社会危害及被告人的犯罪情节、主观恶性、人身危险性相适应。涉案毒品数量刚超过实际掌握的死刑数量标准，依法应当适用死刑的，要尽量区分主犯间的罪责大小，一般只对其中罪责最大的一名主犯判处死刑；各共同犯罪人地位作用相当，或者罪责大小难以区分的，可以不判处被告人死刑；二名主犯的罪责均很突出，且均具有法定从重处罚情节的，也要尽可能比较其主观恶性、人身危险性方面的差异，判处二人死刑要特别慎重。涉案毒品数量达到巨大以上，二名以上主犯的罪责均很突出，或者罪责稍次的主犯具有法定、重大酌定从重处罚情节，判处二人以上死刑符合罪刑相适应原则，并有利于全案量刑平衡的，可以依法判处。

对于部分共同犯罪人未到案的案件，在案被告人与未到案共同犯罪人均属罪行极其严重，即使共同犯罪人到案也不影响对在案被告人适用死刑的，可以依法判处在案被告人死刑；在案被告人的罪行不足以判处死刑，或者共同犯罪人归案后全案只宜判处其一人死刑的，不能因为共同犯罪人未到案而对在案被告人适用死刑；在案被告人与未到案共同犯罪人的罪责大小难以准确认定，进而影响准

确适用死刑的，不应对在案被告人判处死刑。

对于贩卖毒品案件中的上下家，要结合其贩毒数量、次数及对象范围，犯罪的主动性，对促成交易所发挥的作用，犯罪行为的危害后果等因素，综合考虑其主观恶性和人身危险性，慎重、稳妥地决定死刑适用。对于买卖同宗毒品的上下家，涉案毒品数量刚超过实际掌握的死刑数量标准的，一般不能同时判处死刑；上家主动联络销售毒品，积极促成毒品交易的，通常可以判处上家死刑；下家积极筹资，主动向上家约购毒品，对促成毒品交易起更大作用的，可以考虑判处下家死刑。涉案毒品数量达到巨大以上的，也要综合上述因素决定死刑适用，同时判处上下家死刑符合罪刑相适应原则，并有利于全案量刑平衡的，可以依法判处。

一案中有多名共同犯罪人、上下家针对同宗毒品实施犯罪的，可以综合运用上述毒品共同犯罪、上下家犯罪的死刑适用原则予以处理。

办理毒品犯罪案件，应当尽量将共同犯罪案件或者密切关联的上下游案件进行并案审理；因客观原因造成分案处理的，办案时应当及时了解关联案件的审理进展和处理结果，注重量刑平衡。

3. 新类型、混合型毒品犯罪的死刑适用

甲基苯丙胺片剂（俗称“麻古”等）是以甲基苯丙胺为主要毒品成分的混合型毒品，其甲基苯丙胺含量相对较低，危害性亦有所不同。为体现罚当其罪，甲基苯丙胺片剂的死刑数量标准一般可以按照甲基苯丙胺（冰毒）的 2 倍左右掌握，具体可以根据当地的毒品犯罪形势和涉案毒品含量等因素确定。

涉案毒品为氯胺酮（俗称“K 粉”）的，结合毒品数量、犯罪性质、情节及危害后果等因素，对符合死刑适用条件的被告人可以依法判处死刑。综合考虑氯胺酮的致瘾癖性、滥用范围和危害性等因素，其死刑数量标准一般可以按照海洛因的 10 倍掌握。

涉案毒品为其他滥用范围和危害性相对较小的新类型、混合型毒品的，一般不宜判处被告人死刑。但对于司法解释、规范性文件明确规定了定罪量刑数量标准，且涉案毒品数量特别巨大，社会危害大，不判处死刑难以体现罚当其罪的，必要时可以判处被告人死刑。

（五）缓刑、财产刑适用及减刑、假释问题

对于毒品犯罪应当从严掌握缓刑适用条件。对于毒品再犯，一般不得适用缓刑。对于不能排除多次贩毒嫌疑的零包贩毒被告人，因认定构成贩卖毒品等犯罪的证据不足而认定为非法持有毒品罪的被告人，实施引诱、教唆、欺骗、强迫他人吸毒犯罪及制毒物品犯罪的被告人，应当严格限制缓刑适用。

办理毒品犯罪案件，应当依法追缴犯罪分子的违法所得，充分发挥财产刑的作用，切实加大对犯罪分子的经济制裁力度。对查封、扣押、冻结的涉案财物及其孳息，经查确属违法所得或者依法应当追缴的其他涉案财物的，如购毒款、供犯罪所用的本人财物、毒品犯罪所得的财物及其收益等，应当判决没收，但法律另有规定的除外。判处罚金刑时，应当结合毒品犯罪的性质、情节、危害后果及被告人的获利情况、经济状况等因素合理确定罚金数额。对于决定并处没收财产的毒品犯罪，判处被告人有期徒刑的，应当按照上述确定罚金数额的原则确定没收个人部分财产的数额；判处无期徒刑的，可以并处没收个人全部财产；判处死缓或者死刑的，应当并处没收个人全部财产。

对于具有毒枭、职业毒犯、累犯、毒品再犯等情节的毒品罪犯，应当从严掌握减刑条件，适当延长减刑起始时间、间隔时间，严格控制减刑幅度，延长实际执行刑期。对于刑法未禁止假释的前述毒品罪犯，应当严格掌握假释条件

（六）累犯、毒品再犯问题

累犯、毒品再犯是法定从重处罚情节，即使本次毒品犯罪情节较轻，也要体现从严惩处的精神。尤其对于曾因实施严重暴力犯罪被判刑的累犯、刑满释放后短期内又实施毒品犯罪的再犯，以及在缓刑、假释、暂予监外执行期间又实施毒品犯罪的再犯，应当严格体现从重处罚。

对于因同一毒品犯罪前科同时构成累犯和毒品再犯的被告人，在裁判文书中应当同时引用刑法关于累犯和毒品再犯的条款，但在量刑时不得重复予以从重处罚。对于因不同犯罪前科同时构成累犯和毒品再犯的被告人，量刑时的从重处罚幅度一般应大于前述情形。

（七）非法贩卖麻醉药品、精神药品行为的定性问题

行为人向走私、贩卖毒品的犯罪分子或者吸食、注射毒品的人员贩卖国家规定管制的能够使人形成瘾癖的麻醉药品或者精神药品的，以贩卖毒品罪定罪处罚。

行为人出于医疗目的，违反有关药品管理的国家规定，非法贩卖上述麻醉药品或者精神药品，扰乱市场秩序，情节严重的，以非法经营罪定罪处罚。

最高人民检察院关于《非药用类麻醉药品和精神药品管制品种增补目录》能否作为认定毒品依据的批复

（2018 年 12 月 12 日最高人民检察院第十三届检察委员会第十一次会议通过　2019 年 4 月 29 日最高人民检察院公告公布　自 2019 年 4 月 30 日起施行）

河南省人民检察院：

你院《关于〈非药用类麻醉药品和精神药品管制品种增补目录〉能否作为认定毒品的依据的请示》收悉。经研究，批复如下：

根据《中华人民共和国刑法》第三百五十七条和《中华人民共和国禁毒法》第二条的规定，毒品是指鸦片、海洛因、甲基苯丙胺（冰毒）、吗啡、大麻、可卡因以及国家规定管制的其他能够使人形成瘾癖的麻醉药品和精神药品。

2015 年 10 月 1 日起施行的公安部、国家食品药品监督管理总局、国家卫生和计划生育委员会、国家禁毒委员会办公室《非药用类麻醉药品和精神药品列管办法》及其附表《非药用类麻醉药品和精神药品管制品种增补目录》，是根据国务院《麻醉药品和精神药品管理条例》第三条第二款授权制定的，《非药用类麻醉药品和精神药品管制品种增补目录》可以作为认定毒品的依据。

此复。